运赢为上

丁丁◎著

人民邮电出版社

北 京

图书在版编目（CIP）数据

运赢为上 ／ 丁丁著. -- 北京 ： 人民邮电出版社，
2025. -- ISBN 978-7-115-66588-1

Ⅰ. F713.50

中国国家版本馆 CIP 数据核字第 2025TX5026 号

内 容 提 要

人生无处不营销。本书以实用的营销思维为核心，探索在家庭、事业、社交等各个领域如何实现个人价值最大化。本书通过真实案例，从职场展望、创业发展到家庭关系经营，深入阐释了如何运用营销思维放大自身价值，建立信任与树立良好的口碑。本书揭示了营销的本质不仅是产品推广，更是人与人关系的智慧经营。

无论是应对不确定的时代挑战，还是在个人与团队中寻找突破，本书均提供了具体方法与实操建议，帮助读者提升洞察力、规划力和执行力。本书强调，营销不仅是职业技能，更是一种生活哲学。通过培养标杆逻辑、极致逻辑和换位逻辑这三大运营底层逻辑，读者可以打破圈层限制，与他人建立深度连接，最终实现共赢。

◆ 著　　　　丁　丁
　　责任编辑　徐竞然
　　责任印制　周昇亮
◆ 人民邮电出版社出版发行　　北京市丰台区成寿寺路 11 号
　　邮编　100164　　电子邮件　315@ptpress.com.cn
　　网址　https://www.ptpress.com.cn
　　天津千鹤文化传播有限公司印刷
◆ 开本：787×1092　1/32
　　印张：5.5　　　　　　　　　2025 年 5 月第 1 版
　　字数：85 千字　　　　　　　2025 年 5 月天津第 1 次印刷

定价：52.80 元

读者服务热线：(010)81055296　印装质量热线：(010)81055316
反盗版热线：(010)81055315

知天命，尽己力，输赢靠"运赢"

所谓"运赢"为上，是说人们可以通过运营自己，改变人生的既定轨道，实现自我价值，赢得成功。这是人们面对似乎不可抗拒的"命运"时的最佳选择。

中华传统文化中，有很多词让人们感觉既熟悉又不知所云，既常用又难以定义。比如《论语》中"生死有命，富贵在天"的"命"；《易经》中萌生出的"运"；源于《葬书》所提"气乘风则散，界水则止"的风水；佛道两教所提倡的"积阴德"；儒家反复强调的"读书"；五行与谶纬学交织出的"名"；《麻衣神相》所讲的"相"；

对神奇自然力量的敬畏——"敬'神'";内涵早已变化的"贵人";内涵基本没变的"养生"。古人曾对这些影响人生命运走向的重要因素进行排序,想要为我们揭示人生的某种既定轨迹。可这往往让许多人陷入了宿命论之中,误认为命运不可更改,出身决定了一切。

尤其在经济形势不太好的阶段,我们会听到越来越多悲观的声音,"为什么我的命这么苦""为什么我的运气这么差""为什么倒霉事儿都让我赶上了"。似乎普通人很难依靠个人的努力搏出一番天地。人们在所谓命运的"拿捏"下,渐渐形成了"躺平""摆烂""放弃抵抗"的消极氛围。

然而,我们深究这些词语,会发现真正的智慧在于理解和洞察这些看似宿命的因素,让它们成为人生进阶的助力,而非枷锁。

命运绝非天注定。在现代社会,我们用新的视角,将"养生–交贵人–敬'神'–相–名–读书–积阴德–风水–运–命"内化成能够实践和执行的行动指南,或许就能找到普通人认知命运、运赢人生的通路。

养生为先,身体是革命的本钱。强健的体魄与积极的心态,是我们打赢人生这场战斗的基础。

贵人相助，感恩每一次遇见。你的生命里有没有贵人相助，不是你的愿望决定的，是你的为人决定的。你是什么样的人，才能吸引什么样的人。

敬"神"崇德，谦卑低调，心怀敬畏，是行走世间、维系关系的关键。

相由心生，保持积极向上的精神面貌，与人为善，是树立良好形象的关键；不为名声所累，避免高傲自大，才能守住成果。

读书明智，拓宽视野，永远保持学习的心态，才能适应社会变化，才能走得更远。

广积德，多行善，提高德行，才能德位相配，守住地位与名声。

风生水起，好运自来。行善积德，心境平和，更容易发现和把握机遇，自然更容易交到好运。

这一路，顺势而为，厚积薄发，正确认识命运，努力提升自我，才是改变命运的关键。

你的行为和心态就是你的风水，你的德行和发心才是人生成功的关键。

所以，接受命运给你的安排，努力提升自己，无论是身体、精神还是心理，都保持积极向上的状态，每一个普通人都有能力用实际行动在既定的"命"中改变"运"的走向，成就人生的"赢"。

命自我作，福自己求。命运的主动权始终掌握在我们自己手中。记住，你能够配得上更好的自己，请做一个更好的自己。

我们总说"尽人事，知天命"。有人以为"知天命"就是简单地认命。这就容易陷入宿命论的误区。真正知天命的人能够深刻认识并理解人生的本质与规律，认识到自己是宇宙间独一无二的存在。

知天命，首先要认清自己的优势与不足，明确自己的定位。每个人都有自己的天赋与使命，关键在于如何发现并利用它们。同时，知天命也意味着要接受生命的无常与变化。人生如逆旅，总有风雨兼程。面对困境与挑战，我们需要保持平和的心态，不怨天尤人，不消极沉沦，而是积极寻找解决问题的途径，将挑战转化为成长的机会。

而尽人事，则是我们在认知命运基础上采取积极的行动。无论命运如何安排，我们都应全力以赴，勤勉不懈地提升自己的能力与素质。"纸上得来终觉浅，绝知此事要躬行。"将所学知识应用于实际生活中，通过实践检验真理，是提升自我的关键。无论是工作中的项目实践，还是生活中的点滴小事，都是我们锻炼能力、积累经验的机会。与此同时，保持健康的身心状态也是我们面对人生挑战的基础。

我有一位40多岁的远房表姐，在某个县城里经营着一家社区小店。虽然赚得不多，但在疫情前尚能满足家庭需求。随着电商的发展和疫情的冲击，表姐的实体店生意越来越差，收入跑不过物价，更覆盖不了房贷和子女教育的支出。和许多普通人一样，表姐的人生算不得命好运好：学历低、经验少、人到中年、上有老下有小、收入不稳定……但她主动找到我，和我商量能不能做点副业来增加收入。我让她用好微信就行。一个社区小店的老板娘的微信虽然比不上专业销售，却也涵盖了一千米生活圈内的用户资源。利用好自己的流量和一千米内的信任度，挑选物美价廉的商品，提供更细致的服务，何尝不是一种副业呢？表姐通过主动探索和学习，跑通了县城的社区团购路径，不仅收入增加，更找到了一条全新的职业路线。

这是一个普通人在命运里找机会的故事，也可以为不服输的你续写故事提供参考。

的确，今天的世界充满了不确定性。而我们的大部分焦虑恐慌正来源于这种未知和不确定性。面对不确定性，我们普通人能够做什么呢？"黑天鹅之父"纳西姆·尼古拉斯·塔勒布给出的建议是，影响我们能影响的事情，改变我们能改变的事情。

虽然我们不可能扭转大环境，但我们可以影响和改变自己，让自己活出确定性，活成确定性。

认命而不认运，人生要靠你自己去"运赢"。

《了凡四训》中提到了普通人改变命运的四大法则，即立命之学、改过之法、积善之方、谦德之效。这其实也是我们运赢人生的方法。我们要顺势而为但不放弃个人的努力，以羞耻之心认识错误，以敬畏之心对待问题，以发勇之心付诸实践，多行善事多积德，始终谦卑感恩地做事、做人。

这也是我们在追求人生赢局的过程中，需要践行的方法论。

"知天命，尽己力，想赢靠运赢"，这是我写这本书的发心：我希望，每个人都能够认知命运的玄妙而不被玄妙所困；我相信，每个人都可以通过智慧与策略赢得人生主动权。

对于我们每一个普通个体而言，虽然无法改变不确定的世界，但却可以坚守本心，不被世界改变。生活的真相或许有些不堪，但低谷之中，仍能用善意与爱的能量照亮他人、照亮自己的人，何尝不是英雄？

种下一棵树最好的时间是十年前，其次是现在。希望《运赢为上》这本书能为你开启"运赢"的第一步。

正在翻看这本书的你，如果觉得我写的东西对你有些用处，让你在面对家庭、事业的困境时找到解题的思路，能够在你"运赢"人生的道路上带来些许启发，那将会是我的幸运。

现在，出发吧！

Contents 目录

第一章 | 用户思维
创造一个非你不可的理由

第二章 | 产品思维
像打造产品一样打造自己

第五章 | 共创思维
没人能只靠自己就想出创业最优解

用户思维

创造一个非你不可的理由

没有人能够永远待在社交的舒适圈，
因为真实的社会生活有时就像一个大型碰碰车场，
每天都上演着不同圈层之间的碰撞。

知人者智
自知者明
————

你眼前的世界，
是你选择的结果

　　没有人能够永远待在社交的舒适圈，因为真实的社会生活有时就像一个大型碰碰车场，每天都上演着不同圈层之间的碰撞。

　　不知道从什么时候开始，社交媒体上开始流行MBTI人格类型测试，身边的年轻同事纷纷热衷于用"你是 I 人还是 E 人"[1] 这样的问题破冰，以此迅速找到自己的"同类"，形成志趣相投的小圈子。这热度与当年人

---

[1]　这种说法源自 MBTI（迈尔斯·布里格斯类型指标），一种人格评估工具，其按 4 个维度将人格类型分成了 16 类。

们通过血型、生肖等来交朋友类似。归根结底，我们一直在寻找"同类人"。

而究竟在哪个圈层生活，几乎都是我们亲自选择的结果。无论是填写选项超多的各种性格测试题，还是选择爱人朋友、学习的专业、从事的行业、兴趣爱好、定居的城市、追随的偶像……我们的选择都造就了一个个令我们舒适自如的"小圈子"。

圈层内，你能找到共同的爱好、相似的观点和有趣的灵魂；圈层外，即使惊涛骇浪也很难激起令你共振的涟漪。

走出当前圈层，获得其他圈层的认同，我们不仅需要勇气和社交技巧，还需要理解其他圈层的需求，并通过行动匹配和满足对方的需求。这似乎是社交高手才能做到的事情，但明白了圈层的底层逻辑，内向的 I 人也能打破圈层的局限，找到自己的位置。

我的助理阿瓜是一个非常典型的"社恐"，她不善于主动表现，在社交场合压力巨大。她刚入职的时候，我要求她在例会上做自我介绍，都能令她焦虑失眠好几天。

机缘巧合下，阿瓜和我在今年一起"入职"了一家电商公司。来到新的职场环境，阿瓜又迎来了一次"小崩溃"。

作为一个天生的I人，阿瓜下意识地发挥了自己的"特长"：迅速在HR提供的3个工位选项中，选出了最角落的1个；找到了食堂人流量的波谷，趁四下无人时打饭吃饭；不主动和同事搭话，每天尽量减少自己的存在感。最逗的是，她在新公司做自我介绍时是这样说的："请大家有事尽量线上联系我。"

I人的焦虑总是让E人难以理解。

"最好是谁都不认识我，我也不认识谁！一想到要融入新环境，我就吓到'变形'了。我怕犯错，也怕犯错以后丢脸，还怕达不到大家的期望。对于融入新的圈子，我真的挺恐慌的。"

怕犯错，怕丢脸，怕让人失望，怕无法融入新环境。这种忧虑于阿瓜如影随形，让"社恐"的她越发失去自信。但事实上，阿瓜是一个有实力、肯努力的人。她的焦虑与不自信并非源于工作能力不足，而是源于对社交的恐惧。

显然，这种恐惧是一头幻想中的怪兽。当事人越害怕，这头怪兽就越强大。

我对阿瓜说："职场是个大舞台，每个人都有自己的角色和戏份。你不必让每一个人都喜欢你，不必强行融入任何一个圈子，因为那几乎是不可能完成的任务。你真正需要做的，是专注于自己的职责，用心去完成每一项任务，用实力在集体中站稳脚跟。"

　　那天以后，阿瓜逐渐变了。她虽然还是一如既往地"社恐"，却摆脱了心中那头怪兽的控制，不再过分关注别人的眼光，将更多精力放在了做事上，不断提升自我价值和专业能力。

　　一次，团队接到临时任务，需要紧急接待一位重要客户。面对突如其来的到访，同事们一时陷入忙乱。这时，阿瓜拿出了自己早已准备好的客户和品牌的背景调查 PPT，把整理好的信息资料及相关分析都一一列举出来，分发给大家。收到资料的同事立马安心下来，准备接下来的会议。会上，阿瓜仍然不敢主动开口发言，只是安静地在角落里敲着键盘，听大家热烈地讨论着。但会议结束后的半小时内，一份条理清晰、重点明确、专业度高的会议记录已经发送到团队群里——发送人正是阿瓜。我的合伙人看到这份会议记录，颇为惊喜，跟我说："没想到阿瓜看上去不起眼，做起事来还挺靠谱！"而其他同事也在会后主动打听起那个"会前提供资料，会后提交记录"的小伙伴，甚至还有人主动和阿瓜打起招呼。

我远远看着阿瓜局促又暗自开心的样子，明白她已经迈出了心里的第一步。I人的职场僵局开始被打破。

公司有了外部学习培训的机会，恰好是阿瓜感兴趣的领域，她立刻主动争取机会，并牢牢把握，甚至还主动承担了学习后在公司内部进行培训的任务。她并没有勉强自己挑战公开发言这种对她来说仍有难度的事，而是通过扬长补短、分工协作的方式，完成了课程内容的设计和总结。负责讲解的同事也在和阿瓜的合作过程中，与她成为互相认可的朋友。公司内部培训获得了好评，阿瓜的专业能力也得到了更多人的肯定。

不到两个月，阿瓜就不再是公司的"透明人"，她开始被邀请参加更多的团队讨论，甚至在一些关键项目中扮演重要角色。同事们开始主动找她帮忙，或者邀请她一起吃午饭、买咖啡。阿瓜感觉自己正一步步地被这个集体接纳和认可。

圈层化是移动互联网时代人群分布的主要特征，也造就了一个"人人皆可成为圈层中心"的时代机遇。

前段时间，我又和阿瓜聊天，发现她已经自信多了。

聊到来新公司后自己的变化时，她说："我曾经以为，是环境和性格定义了我；但现在我明白，我可以用行动来定义环境、成就自我。"

I人进入职场新环境中，不要焦虑，不要逃避，不要因为"圈子社交"的压力而主动边缘化。融入新环境并不意味着要彻底改变自己，而是应该找到合适的方式展现自己的价值，用真诚和行动去赢得他人的尊重和认可。

记住，你若盛开，清风自来。

【HOW】

如何在圈层中站稳自己的位置

首先，梳理你的人际关系网络，明确谁是身边对你最忠诚，最关爱、最支持你的人，谁是在某些领域有一定权威性和话语权的人。

无条件支持你的人将会成为你人生路上的底气，他们会助力你建立自信，鼓励你冲锋，为你托底——他们可能是你的父母、朋友、爱人；而那些有影响力的人则是你良好口碑的放大器。与其说服所有人信任你，不如让圈子中最有话语权的人信任你。

其次，了解自己的优势与劣势，扬长避短，真正为团队带来价值，用实力证明自己。

自我反思，建立正确的自我认知有助于你在团队中准确找到自己的角色和定位。这能够让你在团队需要你的时候及时挺身而出，激发团队成员对你的正面评价和积极感受，为你形成初步的口碑传播。

再次，为自己设定可完成的目标并积极展示成果，能够管理团队成员对你的预期，并提升他们对你的评价。

一个短期可达成的目标不仅能够通过小规模的胜利提升你的自信心，也能让领导和同事看到你的努力和贡献。寻找机会为团队做出贡献，确保你的工作成果是可见的，这将极大增强团队成员对你的信任。

最后，面对挑战和压力时，始终保持积极乐观的态度。

积极的心态不仅能够帮助你更好地克服困难，也能够给团队带来正能量。

转换视角，
是变优秀的开始

　　想在职场有一番作为，自身优秀是基础；而从优秀到卓越，你首先需要让别人看到你的优秀。

　　作为跟随我多年的助理，阿瓜在耳濡目染之下，对我提出的三大运营底层逻辑烂熟于胸。她常说，标杆逻辑、极致逻辑和换位逻辑这三大运营底层逻辑不仅在营销领域是万能的，在生活和工作中也是无比实用的。她把这称为"I人自救的黄金三招"，像玩游戏一般，她运用这种逻辑在职场上克服障碍，过关斩将。

　　三大运营底层逻辑的核心就是在用户全生命价值链

的各个环节中坚持"以用户为中心"来考虑问题，始终秉承用户体验至上的原则。

"三人行，必有我师焉"，孔夫子的智慧流传至今，不无道理。阿瓜对此的解释为，不会做没关系，先看别人怎么做，再模仿学习。阿瓜虽然内向，但善于观察模仿。工作中，阿瓜很乐于向更好的人学习——无论是工作业务上，还是沟通协作上——阿瓜都以我为标杆，号称"从身边的人学起"。她常常通过观察来学习和模仿我的行为模式、思考方式和工作方法。私下闲聊的时候，她也会主动请教我如何高效地进行项目规划和执行，如何在压力之下保持冷静并做出理性决策。

标杆，是榜样，是激励，有时也是压力。如果想要成为谁，甚至超越谁，就从把对方当作你的标杆开始——这就是标杆逻辑。

当然，阿瓜的标杆不止我一个，她在各个领域都有自己的榜样。学习榜样，不断追平、超越榜样，不仅让阿瓜在短时间内大幅提升了工作能力，建立了自信，还让她越来越明确自己的发展方向，认清自己想要成为怎样的人。

"阿瓜，你是处女座吗？"偶尔会有同事在和阿瓜对接工作的时候这么调侃她。在具体的执行过程中，阿瓜用极致逻辑要求自己，力求做一个让人讨厌不起来的"完美主义者"。对待每一份文件、每一次会议，阿瓜都在实践极致逻辑，哪怕是最微小的格式调整，她也要确保精确无误。极致逻辑让她在平凡的工作中脱颖而出，同事们开始注意到，阿瓜提交的每一份工作成果都是经过精心打磨的，"细节控"们都被她直接"圈粉"。

只是满足用户需求并让用户满意并未体现极致逻辑，超出用户期望才是运用了极致逻辑。

面对复杂的人际关系和协作任务，阿瓜意识到，仅凭个人努力是不够的，还需要良好的团队合作。于是，她开始运用换位逻辑，设身处地地考虑同事的立场和需求。在团队项目中，阿瓜总是先倾听大家的意见，理解每个人的关注点和顾虑，然后再提出自己的建议。例如，在一次跨部门合作中，阿瓜主动扮演起沟通桥梁的角色，确保信息准确无误地传递，同时也为双方争取到最大利益。换位逻辑让她在团队中赢得了高度的信任和尊重，促进了团队氛围的和谐与合作效率的提升。

每个人在沟通中都要尝试思考"假如我是对方，我会怎么想、怎么做"。因为对于同样一件事，理解角度不同，

结果就不同。

阿瓜在职场上的每一步我都看在眼里。对于助理这类岗位，内向绝对算不上优势和亮点，但也不应该成为发展的障碍。在三大运营底层逻辑的实践中，她从一个内向、不自信的职场新人，成长为一个能够有效解决问题、深得人心的得力助手。她用自己的方式走出了"画地为牢"的性格困局，走出了无形的圈层，证明了自己。事实上，只要勇于实践标杆逻辑、极致逻辑和换位逻辑，任何人都能在职业生涯中不断突破自我，取得成就。

I 人或是 E 人，内向或者外向，从不应该成为束缚你的标签。

【HOW】

如何运用三大运营底层逻辑实现自我提升

第一，标杆逻辑。以明确的标杆作为自己的榜样，深入钻研和学习其思维与行动，取长补短，是让自己离目标更近的快速成长办法。

运用标杆逻辑并非盲目崇拜和模仿，而是以标杆的"知与行"为起点，在充分思考后，结合自身实际情况调整步伐。运用标杆逻辑包括立标、对标、达标、创标4个步骤，在这个过程中，你需要持续学习，勇于自我挑战和创新，不断迭代。在实践中，你需要找到自己的方法论，形成能够让自己持续进步的能力。

第二，极致逻辑。是否达到极致不仅是很多企业判断新品打造或服务创新是否能"圈粉"的标准，也是个人能否获得支持者的关键要素。

在合作伙伴面前，我们承诺了达到 75 分，就要想办法达到 85 分，给合作伙伴超出预期的结果；在家人面前，其实也是同样的道理……无论你是用态度还是能力，只要你能一次次超出对方的期望，对方终将被你"圈粉"。

第三，换位逻辑。你要养成思考的习惯，把换位逻辑运用在实践中。

直白地说，在沟通中你需要站在新用户或非专业人士的角度，避免使用专业术语，而是用直观、生活化的比喻，在与人接触的每一个节点上进行换位思考，考虑遇到问题时自己希望得到怎样的体验，以换位逻辑优化沟通，从而形成良性互动。

用户思维将"以用户为中心"的理念深植于心，旨在通过深入了解用户需求、行为和目标，并将这些信息应用于产品或服务的设计和开发全过程中，提升用户体验和满意度。它要求我们全心全意为用户着想，站在用户的立场，以用户的眼睛去观察，以用户的身体去感受，以用户的大脑去思考。总之，就是变成用户，有针对性地解决用户的问题。

小米汽车：
这样的小米谁不爱呢

在中国领先全球的智能电动汽车产业链的助力下，在轰轰烈烈的新造车行动进入第十年之后，一度被认为姗姗来迟的小米汽车在万众瞩目中完成了一次现象级的新车发布。

2024年3月28日晚，小米在北京正式举办了主题为"向前"的小米汽车上市发布会。发布会上，小米终于发布了自己的第一款新能源汽车——小米SU7。围绕着小米SU7、小米SU7 Pro、小米SU7 Max这3个版本，小米集团创始人、董事长雷军，进行了整整3个小时的分享，并公布了价格：21.59万~29.99万元。21.59万元的起售价让粉丝们"大呼过瘾"，"雷神"的名字也响遍全场。

这个价格出乎意料但又在情理之中，但毫无疑问的是，小米汽车大获成功。

这个夜晚，被雷军称为"人生中最重要的时刻"。而这一天，距离他第一次宣布造车，已经过去了整整3年。在3年的等待之后，这场云集了多家车企"掌门人"的发布会一开始，"小米"二字就迅速占领了各大平台的热搜。这场发布会也因此被称作大型的"车圈春晚"，不少人将这些嘉宾的现场照片做成各种表情包。

这场发布会后，提高的不光是小米汽车的"声量"，还有小米汽车的"销量"。根据小米汽车官方信息，开启预订通道之后，4分钟"大定"突破了10000台，7分钟突破了20000台，27分钟突破了50000台，雷军简直将发布会变成了一场"双十一"的带货直播。这既是一次营销的胜利，也是一次后发优势的成功。次日晚，小米汽车发布的官方数据显示，上市24小时后，小米SU7"大定"突破88898台。

在小米汽车交付仪式现场，雷军身着一套深色西装，面带微笑地和每一位车主握手、合影，并亲自为首批车主们打开车门，将他们送上驾驶座。车主们兴奋地坐上驾驶座，脸上写满了喜悦和自豪，现场掌声雷动，欢呼声此起彼伏。

许多小米的粉丝和汽车爱好者也参与了这场盛大的活动，他们手拿小米的旗帜，身着小米文化衫，为现场增添了浓厚的氛围，而相关视频在短视频平台一经发布就引发了全网的讨论，也将小米 SU7 的热度提升到了顶点。

2010 年，小米公司刚刚成立，小米团队在论坛上看到了用户对于"定制化安卓系统"的需求，就开始着手研发 MIUI 系统。为此，小米团队特意寻找了 100 个小米的"发烧友"作为第一批内测用户。这批用户成为 MIUI 系统的初代深度体验用户。他们在内测阶段的每一点反馈和意见，都为正式版本的推出提供了参考和依据。

2010 年 8 月 16 日正式发布的第一个版本 MIUI 系统中，小米团队把这 100 个"发烧友"的名字设置为开机画面。他们作为初代体验用户，看到自己参与测试的 MIUI 系统正式发布都激动地哭了。而这 100 个"发烧友"，就是小米的"100 个梦想的赞助商"。当时的画面冲击力之强，想必很多人都记忆犹新。

从"100个梦想的赞助商"开始，小米就将"和用户做朋友"的理念篆刻到了品牌基因中。一直以来，小米都非常明确一点：因为米粉，所以小米。"小米只能走小米的路，相信米粉，依靠米粉。"

从小米发布的小米SU7用户画像来看，他们的群体特征是：BBA[1]用户购买者约占3成，女性用户预计超过4成，苹果用户占比超过一半。在《中国企业家》杂志联系的小米车主中，有的仍然在焦急地等待，每天"住在"小米App里，期待着交付日期能够提前；有的已经开上实车，逐渐习惯接受路人的围观。

小米汽车的成功发售离不开"米粉"的支持。雷军及其团队深知粉丝的力量，通过长期的品牌建设与互动，构建了一个高度忠诚的用户社群。小米汽车的发布，不仅仅是产品的亮相，更是一场对"米粉"承诺的兑现，这种情感连接使得"米粉"成为自发的小米汽车宣传者。

当然，除了"米粉"，小米汽车对行业内标杆的学习和致敬也引发了热议。

---

[1] BBA指奔驰、宝马、奥迪三个汽车品牌。数据源于2024年4月22日小米发布的小米汽车数据。

在小米汽车首场技术发布会召开前，雷军通过其个人微博发布消息，向中国新能源汽车先行者致敬。他说："我们深知汽车工业之复杂，我们深知开拓之不易，向中国新能源汽车行业先行者致敬，诚挚向比亚迪、蔚来、小鹏、理想、华为和宁德时代等公司致敬。"当日晚间，在北京、上海、深圳等地的地标建筑上，小米汽车特别通过灯光秀向上述车企进行隆重致敬。雷军也连发 5 条微博，分别向华为、比亚迪、蔚来、理想、小鹏致敬。

对于小米汽车的致敬，比亚迪、蔚来、小鹏等纷纷做出回应。其中，比亚迪通过官方微博表示，欢迎小米汽车加入中国新能源汽车大家庭，也向雷军敢闯敢创的企业家精神致敬。

当然，小米汽车的发布会上，还有世界著名豪华汽车品牌保时捷的"身影"。在发布会上，雷军掷地有声："我们对标保时捷，整整 3 年，虽然差距尚存，但我坚信，假以时日，小米必将在未来三五年内赶超保时捷。"小米 SU7 Max 的定价为 29.99 万元，目的就是与保时捷 Taycan 一较高下。小米 SU7 的定位为"C 级高性能生态科技轿车"。在小米汽车首场技术发布会上，雷军公开将小米 SU7 对标保时捷 Taycan Turbo、特斯拉 Model S，业界也对小米 SU7 冠以"米时捷"的别称。

　　小米汽车与保时捷之间的关系，无疑是汽车制造业新兴势力与传统"豪强"的一次交锋，也是设计灵感、市场策略与品牌定位相互影响的例证。小米 SU7 的推出，不仅是小米对行业标杆的学习，也展现了汽车行业在智能化、电动化转型中，新老品牌如何在竞争与合作中共同推动行业的创新发展。

　　而针对产品本身，作为一家以"为发烧而生"为核心理念的科技巨头，小米跨界入局汽车行业，不仅带来了技术的革新，更重要的是，它将对用户体验的极致追求提升到了一个新的高度。

　　首先，小米汽车的极致逻辑体现在对用户需求的深度洞察上。在产品设计之初，小米便摒弃了传统汽车制造业以工程师为主导的模式，转而采用 C2M（Customer-to-Manufacturer）逆向定制策略，让用户的每一个细微需求成为产品迭代的驱动力。这种"从用户中来到用户中去"的模式，确保了每一项技术创新都能精准对接市场需求，从而打造出真正贴近消费者期望的智能汽车。

　　其次，小米汽车的极致逻辑体现在对性价比的极致探索上，小米汽车再次证明了其"感动人心，价格厚道"的品牌承诺。通过优化供应链管理、规模化采购以及高效的生产流程，小米汽车能够在保证高品质的同时，提供极具竞争力的价格，让高端智能电动汽车不再是少数人的专属，而是让更多消费者可以选择。这种颠覆性的定价策略，无疑是对汽车市场的一次冲击，也为整个行业树立了新的价值标杆。

再次，小米汽车的极致逻辑还体现在其构建的智能生态系统中。依托小米强大的物联网生态，小米汽车不仅仅是一款交通工具，更是用户智能生活中的重要一环。从智能家居控制到个人健康监测，再到无缝的数字娱乐体验，小米汽车通过整合资源，为用户打造了一个全方位、高集成度的智慧出行解决方案，真正实现了"人－车－家"的互联互通，极大地丰富了用户的出行体验。

最后，小米汽车在服务层面同样追求极致。通过大数据和人工智能技术的应用，小米汽车能够提供个性化的售后服务和预见性的维护建议，减少用户的等待时间，提升服务效率。同时，小米社区文化的深度融入，也让每一位车主都能感受到归属感和参与感，从而形成了一种独特的品牌忠诚度和口碑传播效应。

总而言之，小米汽车的极致逻辑，是对其品牌基因的深刻诠释，也是对未来出行愿景的积极探索。在这次旅程中，小米汽车不仅仅是定义了一款车，更是在重新定义人们对于智能、便捷、绿色出行的期待。在这个充满无限可能的新赛道上，小米汽车正以极致之名，加速驶向未来。

有专业人士评价说："这场发布会之所以成功，是因为它不仅面向汽车爱好者和从业者，还面向小米的现有用户群体以及非汽车爱好者，雷军像是在用3个小时把他3年学到的所有汽车相关的知识娓娓道来，一些原本只有汽车专业人士才懂的术语，现在连初中生也能听懂。"

有网友说："看小米汽车发布会的时候，我激动得心潮澎湃。发布会还没结束，我就拿到了F码，我是第一批买到创始版车的。"

他十分认同雷军"以用户为中心"的理念。比如小米汽车专门设计了放雨伞的储物槽，配套的还有这辆车的"带充电宝、安全带割刀、破窗锤功能"的多功能手电筒，车里还带有无线充电板和散热的出风口，这些看似和车无关的设计，却和每个人的生活息息相关。"懂用户，这些细节很关键。"小米汽车让他有了自己主导方向盘的冲动。

如果仅根据小米汽车、小米手机，你就认为雷军更懂年轻人，更懂男性，那你可能对小米产品有些误解。

一位职场女性，同样也是"米粉"，此前她从未试驾和对比过任何汽车，但听说小米汽车的防紫外线率可以达到99.9%时，她心动了，直接选择了盲定。小米SU7在设计上充分考虑了女性的需求，处处展现了对女性的尊重，借助"防晒＋颜值＋收纳"这三大利器，成为新一代女性的"梦中情车"。在汽车市场中，为女性考虑和设计的功能，少之又少。但是作为日渐庞大的女性司机群体，她们的需求也应该被关注并得到满足。在这方面，雷军又走在了前面。

雷军曾在社交媒体上感叹："雄关漫道真如铁，而今迈步从头越。"对小米汽车来说，造车是一场持久的硬仗，目前，小米汽车只是刚刚起步，未来还要经历更多艰难险阻。小米的跨界造车之旅，也是雷军的背水一战。费利·保时捷曾经说过："当我环顾四周，却始终无法找到我的梦想之车，我决定亲手打造一辆。"这句话何尝不是雷军亲自带队造车的真实写照？

一直以来，小米始终践行着"和用户交朋友，做用户心中最酷的公司"的愿景。当越来越多的企业开始重视"以用户为中心"，重视用户运营时，小米就是他们最好的老师，因为小米已经将用户思维篆刻到了品牌基因中。

第二章

产品思维

像打造产品一样打造自己

定位，

不仅是差异化战略的核心，

更是情感共鸣的起点。

千里之行

始于足下

————

不被定义，
成为你想成为的人

三十而立，四十不惑。那35岁呢？在"而立"和"不惑"之间，35岁突然成了今天职场上一个隐形的节点，代表着被淘汰、被"优化"、被裁员。但年龄绝非束缚我们的枷锁，更不应该为此焦虑。35岁以上的女性在面对职场困局时，依然有着不被年龄定义，重塑自我，找到人生新标签的勇气和能力。

女性在职场中的弱势处境并非现在才有。结婚、怀孕、育儿，一直都是女性在职场中会面临的挑战，我的朋友悦悦就曾经历过这方面的难关。她本是一家广告公司的文案策划，过着和北上广深的"上班族"雷同的生活，直到 35 岁的时候，她迎来了人生的第一个宝宝，也迎来了职场滑铁卢。

在公司的每时每刻，微妙的疏离和忽视逐渐笼罩悦悦。策划会上，她的声音不再被听见；晋升选拔时，她甚至被直接忽略；同事们的客套让她在这个工作多年的团队里像个外人。曾经来自领导的信任和肯定，本属于她的稳定项目，似乎随着她一天天隆起的肚子而消散了。那时的悦悦才明白，怀孕这一生命中最自然不过的现象，有时竟可能会影响女性在职场中前行的脚步。

终于，在一次不公正的绩效评估之后，悦悦压抑已久的愤怒彻底爆发了。她毅然决然地递上了辞呈，用行动宣告了对这种不公平待遇的抗议。

辞职时虽感畅快，但辞职之后的路该怎么走却令悦悦陷入了新的迷茫。午夜梦回，悦悦一边感受着腹中宝宝的胎动，一边思考着模糊的未来。她时常轻声对腹中宝宝说话："宝宝，我能成为一个好妈妈，给你一个快乐的童年吗？"从职场回归家庭的她逐渐开始质疑自己，未来是否还能在职场与家庭之间找到平衡。

为了梳理内心、找回平静，悦悦像过去工作时一样，在本子上写写画画，记录自己突发的灵感、想和宝宝说的话、生活场景的碎片。日积月累，竟画了满满一本：第一次胎动的惊喜，深夜的辗转反侧，对即将见面的小生命的无限憧憬……一天，悦悦的先生翻到这个本子，他看到妻子为灵感迸发时的只言片语和情真意切的内心剖析，都配上了一幅幅简单但温馨的漫画，仿佛在这一刻，他才真正理解了辞职后的妻子。他才明白，口头上和妻子说"没关系，别着急"并不能从根本上缓解她的不安，他需要成为她人生路上的同路人。

于是，悦悦的先生开始鼓励她把作品发到朋友圈。一开始，悦悦是质疑的，她说："这就是我随便画着玩的，发朋友圈干吗？"但她还是按照先生的提议，开始在朋友圈发布自己的漫画。就当是记录了，以后可以给孩子看——这是悦悦最初的想法。

但随着朋友们的热情点赞和评论，悦悦从分享这件事上获得了每一天的"小确幸"，甚至开始期待发朋友圈。她从朋友们的点赞和评论中找到了自我认同，也更加认真地对待创作和发布。一次，悦悦朋友圈中一位运营亲子教育公众号的朋友私聊她说："悦悦，关注你的朋友圈很久了！你有兴趣给我们的公众号投稿吗？"虽然这次投稿所得的稿费不多，但却是悦悦辞职后的第一笔收入。更令悦悦开心的是，这次投稿让她看到了自己在朋友圈之外的认同。她看到公众号文章下的评论区内，很多和她有过类似经历的女性都被她真实细腻的分享和对生活的热爱打动，主动留言分享自己的经历。有新手妈妈通过各种途径联系到悦悦，告诉她："你苦中作乐的态度激励了我，让我知道即便是在人生低谷，依然可以活出自己的精彩。"

衡量一个人成功与否的标志，不是看他抵达顶峰时的高度，而是看他跌到谷底时的反弹力。

在家人、朋友和陌生人的激励下，悦悦开始拨开迷雾，试图抓住生活中迸发的闪光点，寻找新的事业方向。当时正值微信公众号的红利期，悦悦从中看到了机会，也在朋友圈分享、公众号投稿的尝试中重建了自信。她想，或许把分享过的亲子漫画发布到自己的公众号会是一个不错的方向。但是，一个全职妈妈真的可以在养育孩子之余，抽出精力做好自媒体吗？

面对这样的焦虑，悦悦首先想到的是和先生商量，很快她得到了先生的鼓励。有了家庭的支持，悦悦的内心不仅充满了信心，更充满了底气。她发现，虽然失去了职场的庇护，但家中有深爱她的伴侣和家人，支持她的朋友们也从未缺席。更重要的是，网络上那些因她的分享而聚集起来的妈妈们，构成了她强大的情感和精神后盾。她明白，在探索未知的道路上，她并不孤单。她们都是自己的支持者。有了支持者，悦悦决定立刻行动起来！

一方面，悦悦做了亲子母婴赛道公众号的市场调研，找出了优质自媒体账号作为标杆，逐一分析其优势、亮点与不足，取长补短，总结学习；另一方面，她回顾了自己过去在职场中积累的有用经验，发现在广告行业的多年浸染赋予了她极强的热点捕捉和亮点挖掘能力，还让她拥有了符合互联网思维的文案能力，这让她创作的图文更加生动有趣。明确了对标账号和自己的优势后，悦悦一步步找准了自己账号的定位和差异化方向，她决定创建一个以手绘漫画形式真实记录自己育儿趣事的账号，搭配简单有创意的文案，和订阅者分享育儿的苦与乐。

在这里，她不仅记录孩子的成长，也分享自己作为新手妈妈的酸甜苦辣，探讨女性在身份转换过程中面临的种种挑战与收获。不同于市面上常见的"完美妈妈"形象，悦悦展示的是一个真实的、有血有肉的妈妈的形象，她的文字里既有对母爱的歌颂，也有对亲子生活的唏嘘与吐槽，还不乏对自我价值的探索和反思。

为了更清晰地明确公众号定位，悦悦还在线上报名了课程，系统学习了自媒体运营、内容创作和品牌建设的知识，同时她主动和身边成功的自媒体人、忠实粉丝、行业专家交流学习，参与各种社群，结识了许多志同道合的伙伴。

悦悦在公众号中呈现的真实、有趣、灵动的内容为她迅速积累了大量忠实粉丝，特别是那些同样在职场与家庭之间寻找平衡点的妈妈，她们在悦悦的故事中找到了共鸣，仿佛在悦悦身上看到了自己的影子。悦悦的公众号不仅成了她个人情感的宣泄口，更成为众多妈妈的精神家园。她用画笔和文字构建了一个温暖的社群，让每一个感到孤立无援的妈妈知道自己并不孤单。

定位，不仅是差异化战略的核心，更是引发情感共鸣的起点。

一转眼，悦悦的公众号已经发布了超过 1000 篇的原创内容，积累了大批粉丝，成为小有名气的亲子自媒体品牌。但她从未忘记初心。对她而言，这一切不仅仅是商业方面的成功，更是她对自我价值的重新定义和实现。

回头再看那个曾经在职场上受挫、陷入迷茫的自己，今天的悦悦已经可以释怀："35 岁的节点，是终点还是拐点，我说了算！"

【HOW】

如何告别职业迷茫，找到自己的新标签

　　告别职业迷茫并找到自己的新标签是一个深度的个人探索与成长过程，它不仅关乎自我认知，也涉及对外部环境的理解和适应。假如你也面临这样的困境，我建议你可以这样做。

　　第一，明确自己的优势，这将成为你的加分项。

　　你需要进行一次深入的自我反思，列出在过往学习、工作及日常生活中所展现出的技能、成就和别人对你的正面评价——这些可以是硬技术，比如画画、设计、编程；也可以是软实力，比如沟通能力、领导能力、审美能力等。你还可以向专业人士或者信任的朋友寻求支持和反馈，通过他们了解你的能力，帮助你从不同视角完成优势梳理。

第二，找到自己真正热爱的领域和事业，这将成为未来支撑你的动力来源。

热爱可抵岁月漫长。不要害怕尝试新鲜事物，在不断挑战中发现新的兴趣点；回顾那些让你废寝忘食、乐此不疲的活动，这些往往能揭示你的内在热情；思考哪些事情能够让你感到有意义，让你感受到自我价值的实现。

第三，结合市场方向和商业价值为自己选一个深耕的领域。

虽然热爱无价，但职业还是需要经历市场考验的。你可以对行业趋势进行一些了解，尤其是那些正在发展或有潜力的领域，再结合你的优势与热爱进行需求匹配，思考如何将自己的才能转化为解决市场问题的能力，或是如何满足市场的独特需求。你还可以考虑如何在现有领域内创新，发现新机遇。

第四，给自己贴上新的标签。

完成上述分析后，你可以着手创建一个反映你独特优势、热情以及市场定位的个人标签，并通过社交媒体反复分享、强调它，帮助他人理解并记住你的新标签。

当然，个人成长和市场变化都是动态的。你应定期回顾你的标签是否准确反映了你的发展状态，适时调整策略，保持灵活性和适应性。这不仅能帮你有效告别职业迷茫，还能让你在不断变化的世界中找到并强化自己的位置，成为一个具有鲜明个性和市场价值的个体。

像经营公司一样，
经营自己的内容

悦悦经营公众号的过程并非一帆风顺。她和我分享过自己的烦恼："人人都能做自媒体，但怎么把自己的公众号经营好，做出好内容，吸引用户，留住用户呢？"当你选择走上专业自媒体的道路时，这将成为一直困扰你的问题。

伟大和平庸的内容之间隔着共鸣，而这种与用户之间的共鸣，主要靠"内容力"来引发。无论时代如何变化，好的内容都是找到粉丝、吸引流量、提升影响力的根基。

悦悦在专注经营公众号之后，也是走了弯路的。亲子母婴赛道过于拥挤，悦悦面临着内容同质化严重和深度不足的双重挑战。市场上充斥着大量的育儿指南、辅食制作、早教课程等内容，如何在众多同类账号中脱颖而出，成了她亟须解决的难题。

悦悦明白，如果找不到自己的核心优势，就很难突出重围。她思考了很久后，坚定了自己的目标：成为一个与众不同的自媒体人——有温度、有情感、有情绪。她决定从"真实"和"深度"两个维度入手，重新定义自己的内容方向。

在过往的内容创作中，悦悦发现，那些真正能够"圈粉"的内容往往是最真实的育儿体验和趣事。"真实"，往往是不完美的。她和每一个新手妈妈一样，在孕期，焦虑脆弱，饱受孕吐、控糖的困扰；在孩子出生后，有幸福欣喜，也有烦恼和挫败。她记录下了与孩子相处的点点滴滴，包括那些不为人知的辛苦、欢乐的瞬间以及母子间细腻的情感交流。她不再刻意回避育儿过程中的困难和崩溃，而是诚实地分享如何在失败中学习和成长。这些内容引发了众多妈妈的共鸣，她们在评论区热烈讨论，分享自己的故事。她经营的公众号的互动率和粉丝黏性显著提升。

为了增加内容深度，悦悦还不断向儿科医生、教育专家和亲子心理顾问学习，并创作相关内容，为妈妈们试用并筛选可靠的产品。慢慢地，她并不局限于日常分享，还将儿童心理发展、家庭教育理念等更为深远的话题融入公众号的内容。通过这种方式，悦悦的公众号越发得到妈妈们的信赖，成为一个温度和专业度并存的自媒体账号。

在成为自媒体人的道路上，悦悦深刻理解到内容力对于吸引和留住粉丝的重要性。她意识到，打造优质内容不仅仅是创作出吸引眼球的漫画，更是要在目标受众中引发共鸣，与目标受众建立起信任和情感连接。在此期间，悦悦根据营销学中著名的"5A模型"，精心规划了她的内容策略。

营销学中的5A模型，由"现代营销之父"菲利普·科特勒提出，是基于用户行为学的理论，旨在通过高质量的内容营销推动用户参与和品牌忠诚度的建立。这一模型分为5个连续的阶段，包括：Aware（了解）—Appeal（吸引）—Ask（问询）—Act（行动）—Advocate（拥护）。

悦悦首先明确了目标受众——职场妈妈和准妈妈。她通过市场调研和社群互动，深入了解这一群体的兴趣、痛点和需求，比如平衡工作与家庭的压力、孩子的教育与成长问题等。随后，为了使公众号在众多亲子内容中脱颖而出，悦悦专注于打造差异化内容。她结合自己的漫画能力，搭配富有哲理和幽默感的文案，讲述自己和孩子的日常生活故事，既温馨又不失趣味。她还邀请其他妈妈分享她们的故事，形成多样化的视角，让内容更加丰富多元。同时，悦悦也很重视与用户的互动，她创建了社群，提供了一个妈妈们可以相互交流的空间，确保信息的获取和反馈机制顺畅。随着内容质量的持续提升和用户黏性的增强，许多粉丝成为悦悦的忠实拥护者。她们不仅在社交媒体上积极分享悦悦公众号的内容，还主动将其介绍给身边的家人和朋友。悦悦通过"妈妈之星"奖励计划，鼓励用户共创内容，进一步提升了用户的归属感和忠诚度。

随着公众号粉丝的增加和社群的壮大，有品牌主动联系悦悦做产品联名，或是邀请她参与线下活动。通过这一系列的策略实施，悦悦不仅成功地从一名全职妈妈转变为具有影响力的内容创作者，还帮助无数家庭解决了育儿难题，真正体现了内容力在连接用户、建立品牌忠诚度方面的巨大价值。

35 岁被许多人视为职业生涯的节点，但它不应成为职业旅程的终点，而应成为人生新篇章的起点。面对"没有动力""没有方向"和"没有优势"的质疑，许多像悦悦一样的女性用行动证明，只有走出去，勇于尝试，才能在碰撞与反馈中发现未知的自己，构建属于自己的道路。她们在"见天地，见众生，见自己"的人生旅途中，不断突破限制，拓宽视野，最终在各自选定的舞台上大放异彩。

【 HOW 】

如何根据自身标签，打造自己的内容力

第一，明确目标受众。

个人成长如同品牌建设，首先需明确你的"受众"，也就是那些在人生旅程中与你有共鸣、能从你的经验中学到东西的人群。你要与他们达到高度契合，不仅需要了解他们的年龄、职业等基本信息，更要深入探索他们的内心世界：他们在追求什么？面临哪些挑战？渴望哪种改变？而你，又能为他们提供什么价值？

第二，塑造差异化标签。

在注意力稀缺的时代，展示独一无二的自我才能脱颖而出。你需要挖掘个人经历中的独特之处，通过真诚真实的表达，构建起个人品牌的"差异化标签"。

第三，丰富内容和互动形式。

不要局限于单一形式，勇敢迈出改变的步伐，根据受众偏好和趋势，尝试用不同的媒介来表达和展示自我。要知道，每种形式都有其独特的触达优势。通过有策略的多渠道布局，你可以更全面地覆盖不同场景下的受众，同时增强与受众的互动体验，让每一次交流都成为加深理解和连接的机会。

第四，在学习反馈中，持续迭代内容。

个人成长是不断学习的过程，内容创作亦然。定期收集并分析用户反馈，利用数据分析工具追踪内容表现，识别哪些内容最受欢迎，哪些需要改进。不断迭代内容，意味着对新趋势保持敏感，对旧观念勇于革新。

第五，尝试建立社群，开放交流共创的端口，实现价值最大化。

想要影响并帮助他人成长，最大程度激发用户价值，你可以建立并运营社群，邀请用户参与内容共创，比如共同策划主题、分享个人故事、举办线上研讨会等，这可以极大地增强用户的参与感和归属感。这样的共创不仅能够产生更加丰富多元的内容，还能在用户之间形成"信任链＋推荐链"，即基于信任的口碑传播网络，促进社群成员的自然增长和社群影响力的扩大。在这个过程中，每个人既是学习者也是贡献者，共同构建一个正向循环的成长生态系统。

产品思维是一种解决问题的综合思维，是进一步把问题解决方案产品化的过程。从个人的角度来说，产品思维可以理解为把自己当作一个产品来打造：高考填报志愿相当于"竞品分析"和产品定位；包装简历、使用社交媒体相当于打造人设和内容力；在不同的场景下以不同的态度、语气与人沟通，相当于用户分析和用户运营；而不断迭代发展自己的能力，无异于产品升级。同样，从品牌和产品的角度来说，产品思维是一个发现问题、分析问题、解决问题，把产品化看作标准化、结构化的过程。它涉及产品定位、树立优势、需求分析和产品迭代等方面，需要对用户需求的深刻理解能力、快速迭代能力、对数据的敏感度和对市场趋势的适应能力。

《原神》为什么能"封神"

在数字化的浪潮中，游戏行业以其独特的文化创造力和经济潜力，成为当代娱乐消费的前沿阵地。其中，米哈游的《原神》无疑是近年来全球游戏市场上一颗璀璨的明星，其成功不仅在于技术创新和优良的商业策略，更在于对用户圈层的精准把握和对内容力的深度挖掘。

2022 年，《原神》在移动端的营收超 280 亿元 [1]。这一年，《原神》成为 Twitter[2] 上讨论最多的游戏之一。

---

[1] 源自 Sensor Tower 公布的数据。

[2] Twitter 现更名为"X"。

在有着"游戏奥斯卡"之称的TGA年度颁奖典礼上，《原神》更是喜提"玩家之声"大奖，并获得"最佳移动游戏"与"最佳持续运营游戏"双大奖提名，堪称"国产游戏之光"。而2024年12月13日，由杭州游戏公司"游戏科学"开发制作的《黑神话·悟空》荣获"最佳动作游戏"与"玩家之声"两个奖项，更是为国产游戏取得了历史性突破。

《原神》是米哈游对游戏市场敏锐洞察与大胆创新的结晶。在游戏行业竞争日益激烈的背景下，米哈游并未选择跟随市场主流，而是另辟蹊径，将目光投向了相对小众但极具潜力的二次元文化与开放世界相结合的领域。这种创新定位，让《原神》在众多游戏中脱颖而出，成为全球范围内少有的、能够同时吸引东西方玩家的跨文化作品。

早在2011年，作为米哈游创始人之一的刘伟就曾在"新新创业达人"总决赛的舞台上，为尚在起步阶段的米哈游摇旗呐喊。那时，他就喊出了"我们最核心的用户是宅男"的独特口号——在当时，这属实是"很新的东西"。

毫无疑问，《原神》玩家为之着迷的原因之一是它的开放世界和全球化视野下的文化融合。它独特的内容力体现在游戏的每一个细节中，包括剧情、角色设计、美术风格、音乐和互动体验等多个层面。

《原神》巧妙地将二次元文化与世界各地的文化元素相融合，如中国的仙侠、西方的奇幻等，通过丰富的文化符号构建了一个多元而和谐的"提瓦特大陆"。比如游戏中的璃月区域，不仅在建筑、服饰上融入了中国古代的美学元素，还通过音乐、节日活动等细节，展现了深厚的文化底蕴，赢得了国内外玩家的广泛认可。这种跨文化的共鸣，是《原神》区别于其他游戏的重要标志。

《原神》的剧情设计并非简单堆砌任务，而是构建了一个庞大而细腻的世界，每一个角色都有其独特的性格、背景故事和成长轨迹，玩家在探索世界的同时，也在体验着角色的成长历程，这种深度的代入感是游戏黏性的源泉。角色设计上，米哈游更是投入了大量心血，确保每个角色都拥有鲜明的个性和记忆点，让玩家在游戏中找到共鸣，与角色形成深度的情感连接。

在视觉呈现上，《原神》的美术风格独树一帜，无论是细腻的场景刻画，还是角色的动态表现，都体现出高水平的艺术造诣。游戏的每一帧画面都可作为壁纸，其美术设计不仅吸引了玩家，也得到了美术界的好评。音乐方面，《原神》更是请来了国际知名音乐家，如陈致逸等，创作了融合多种文化元素的音乐，从古典到现代，从东方到西方，音乐与场景的完美融合为玩家营造了沉浸式的听觉盛宴。

在提瓦特大陆，故事讲述是永恒的艺术，好故事能打破时间与空间的限制。《原神》构建了富有情感、引人入胜的品牌故事，让玩家不仅仅是购买者，更是故事的一部分，与故事共情共生。

在营销的广阔天地里，一款游戏的成功不仅仅是其本身的品质与内容所能全然概括的，它还涉及品牌联名联动这一策略性布局，而《原神》无疑在这方面表现突出。

在游戏之外，《原神》进行的联名联动活动"管饱"！

2021年，《原神》携手快餐"巨头"肯德基，推出了一场名为"异世相遇，尽享美味"的联动活动。这次活动的亮点在于玩家可以到指定的肯德基主题门店，购买特定的套餐，并说出口令"异世相遇，尽享美味"，即可获得《原神》游戏内的限定道具——风之翼皮肤"飨宴之翼"。活动一经公布，立即在社交媒体上引起了巨大轰动，尤其是《原神》玩家群体表现出强烈的参与欲望和讨论热情。

　　活动期间，玩家纷纷涌向肯德基小程序下单，导致肯德基小程序一度因访问量过大而崩溃，足见该活动的受欢迎程度。不少玩家在社交媒体上分享自己参与活动的经历，相关话题＃原神肯德基＃在微博迅速登上热搜，阅读量高达上亿次。同时在 B 站等视频平台上，许多玩家上传了自己到店体验的视频，这些内容的播放量累计达到百万级别，形成了强大的用户自发传播效应。

　　这次联动活动引发了玩家的情感共鸣并提升了玩家对《原神》的忠诚度。对于《原神》的玩家而言，这种联名联动活动并非简单的购买行为，它让玩家感到游戏不仅仅是屏幕中的虚拟体验，还是能够触手可及的实体化存在。不少玩家表示，这种联名联动活动提升了游戏的现实存在感，使得玩家对游戏的热爱得以在现实生活中展现，强化了玩家与游戏之间的情感纽带。

　　《原神》与肯德基的联名联动，精准地触及了双方的核心受众——年轻、热爱游戏与快餐文化的群体。活动利用游戏 IP 的高热度与快餐品牌的广泛触达能力，实现了对用户群体的高效覆盖。活动不仅限于购买套餐获得游戏道具及周边，肯德基还设置了主题门店，店内装饰、服务员的特殊装扮等都与《原神》元素相结合，这种沉浸式的体验让玩家感受到了与游戏的深度互动，增强了参与感。而限定道具的稀缺性和独特性使其成为玩家间炫耀的资本，促进了玩家在游戏内外的社交分享，形成了良好的口碑效应，进一步扩大了活动的影响力。

《原神》与肯德基合作，通过"异世相遇，尽享美味"的活动，不仅让玩家在现实世界中体验到游戏的乐趣，也强化了游戏与现实生活的连接，这种沉浸式体验正是内容力打造的关键。玩家通过说出简单的口令和购买特定套餐就能获得游戏内的奖励，让玩家感受到游戏与生活紧密相连的满足感。

当然，《原神》在内容力打造上从未止步。

《原神》一直对内容进行创新与迭代，始终保持游戏的新鲜感和吸引力。游戏以每6周1次的大版本更新频率，不断推出新地图、新角色、新故事线，以及丰富的活动，为玩家提供持续的新鲜体验。这种快速迭代的模式，确保了游戏内容的丰富多样，满足了不同玩家的需求，无论是喜欢探索的"风景党"，还是热衷于战斗的"肝帝"，每个人都能在游戏中找到属于自己的乐趣。

更重要的是，《原神》的更新不仅注重内容的丰富，更重视体验的优化。每一次新版本的推出，都伴随着对游戏机制的优化和创新，比如引入"弹反""元素反应"等新机制，不断丰富战斗策略。同时，游戏的主线剧情免费开放，使得所有玩家都能获得完整的故事体验，这在付费模式普遍的市场环境中，无疑是一种大胆且成功的尝试，增加了玩家的归属感和忠诚度。

《原神》实施的可持续性内容策略，如同细水长流，持续滋养品牌与消费者的关系。《原神》通过长期规划与迭代优化，建立稳定的内容生态系统，让品牌影响力随时间积淀而增强。

为了更好地倾听玩家声音，把提瓦特大陆建设成玩家的理想乡，《原神》还构建了一个高度活跃的玩家社群，这不仅是游戏文化的一部分，也是其持续成功的关键因素。游戏官方通过社交媒体、论坛、直播等多种渠道，积极与玩家互动，听取玩家反馈，及时调整和优化游戏内容，形成了一种良性循环。这种开放的态度，让玩家感觉到自己的声音被重视，从而加深了对游戏的情感。

《原神》一直鼓励玩家参与游戏内容的共创，如通过 UGC（用户生成内容）的方式，玩家可以创作同人作品、分享攻略心得、参与官方组织的创作大赛等，这些活动不仅丰富了游戏周边文化，也加深了玩家间的交流与互动。例如，游戏官方在社交媒体上经常转发玩家的优秀作品，甚至在游戏中加入玩家设计的元素，这种做法极大地提升了玩家的参与感和成就感，形成了良好的社群氛围。

社群的活跃度还体现在《原神》的二次传播上，玩家通过自发的分享和讨论，为《原神》带来了大量的免费宣传流量。特别是在海外，《原神》凭借其独特的文化融合和艺术表现，吸引了大量非传统游戏圈的用户，形成了一种跨文化的交流，这不仅扩大了《原神》的用户基础，也提升了《原神》的品牌形象。

通过持续的内容迭代和建立开放交流的社群环境，《原神》成功地构建了其强大的内容力和品牌影响力，探索出了一条将内容力转化为品牌价值的有效路径。这不仅巩固了现有的玩家基础，也吸引了大量新玩家加入，使得《原神》能够在竞争激烈的市场中持续发光发热，成为国产游戏"出海"的杰出代表。

《原神》的成功，是游戏品牌营销策略与内容创新的双重胜利。它向业界证明，即便是在竞争激烈的市场环境中，凭借对目标用户深刻的洞察、精准的市场定位，以及对内容质量的不懈追求，依然能够创造出具有全球影响力的文化产品。《原神》的案例启示我们，内容力是品牌的核心竞争力，而全球化视野下的文化融合与本地化策略，则是游戏品牌走向世界舞台的关键。在未来的品牌营销道路上，如何更好地讲述故事、塑造情感连接，以及构建健康的社区生态，将是所有游戏开发者和品牌营销者需要深入思考的方向。

第三章

社群思维

找准定位，让你的特点成为优势

要么成为社群中的 KOL，

要么拥有自己的社群。

运筹帷幄

决胜千里

———

没有人天生就是
社群运营高手

在今天，人人都有机会成名15分钟。

随着移动互联网的兴起和智能手机的普及，我们每个人都拥有通过建立和扩大个人影响力来获得财富的机遇。无论是实力雄厚、享有盛名的企业家还是心怀梦想的创业者，无论是在职场打拼的普通人还是尚未走出象牙塔的大学生，无论是来自一线城市还是来自农村，只要你有梦想并付诸行动，就有通过社群运营赚钱的可能。

我就认识这样一个人——刘明，一名普通的家电公司销售。几年前，他大学刚毕业，正遇上市场寒潮，求职受阻，他稀里糊涂成了一个门店销售。那时候，他想着只要踏实好学，销售也能干出一番事业。可即使刘明每天最早到店、最晚离店，极尽热情地向顾客介绍和推销各种家电产品，业绩依然毫无起色，薪水仅仅能够维持生计。

职场受挫的刘明并没有就此放弃。和很多有闯劲儿的年轻人一样，他开始从书本和互联网上找出路，转折也就此发生。在探索如何做好销售的过程中，他找到了销售领域的标杆——乔·吉拉德。刘明不仅从这位世界知名的推销员那里学到了销售技巧，也获得了巨大的精神鼓舞。刘明开始像乔·吉拉德那样，树立起对销售工作的敬畏心，从心底里认可"销售是一门艺术，更是一门科学，要善于找到顾客的关键按钮"的理念。

刘明找到的第一个关键按钮是社群。但想要通过社群达到销售目的，却并不容易。刘明尝试做过几次传统的社群销售，屡屡碰壁，甚至被一些群主直接移出了群。刘明并没有气馁，而是总结出了问题所在：首先，社群成员经历了太多销售套路，对群里的推广已经失去了兴趣，甚至产生了反感；其次，在一个陌生的社群里，谁也不认识自己，在毫无信任关系的前提下，产生交易行为无异于撞大运。

面对问题，解决问题。刘明重整旗鼓，开始了一次符合自己实际情况的社群销售。而这次，他用行动讲述了一个普通销售、社群"小白"如何成长为公司的销售冠军的故事。

刘明的第一个动作是加入更多的兴趣社群、本地社群，比如社区邻居团购群、跑步群、美食打卡群等。但进群后，他没有像以前那样直接开始打广告，而是准备了一段简单有趣、亮点明确的自我介绍。

【姓名】刘明

【昵称】阿明

【坐标】上海

【行业】家电

【兴趣爱好】旅游、运动 、游戏

【我的隐藏身份】

徒步运动达人·50 多篇国内徒步攻略

电子产品"发烧友" ·100 多次原创产品测评

朋友圈"美食地图" ·沪上 100 多家美食店铺推荐

电商平台资深比价"大师"

期待能和群里的各位成为好朋友，如果您对上述方面感兴趣，欢迎与我交流。当然如果您在家电方面有问题也可以找我咨询。从微波炉到智能冰箱，从空气净化器到高端音箱，从品牌到性能，从选购到维修，只要和家用电器相关，我都算小有研究。

这段自我介绍有趣味、有温度，刘明立马受到了社群成员们的热烈欢迎，给大家留下了深刻印象，尤其是与刘明兴趣相投的成员，很快就和刘明拉近了距离。

当然，刘明也积极参与相关话题的讨论，关于美食、运动、游戏的话题，刘明总能聊上几句，这样既提升了他的存在感，也让人感受到他的积极热心。渐渐地，群内有成员会主动向刘明咨询与他兴趣相关的问题。有人会问："阿明，上海附近有没有值得徒步的美丽景点？"还有人问："我最近想入手一款新的游戏，你玩过这款吗？值得买吗？"对于这些问题，刘明总能给出详细的答案，而且还会根据他对对方的了解，提出一些个性化的建议：对于情侣，他会推荐适合约会的餐厅、需要双人默契配合的游戏；对于从外地来上海旅游的长辈，他会推荐有情怀、有腔调的"city walk"（城市漫游）路线。

这么一来，群内成员对他的信任度也越来越高，大家都认可了"阿明"的靠谱和实在。

随着刘明在群内影响力的逐渐增强，社群成员也开始注意到他作为家电专家的一面。一次闲聊中，一位刚买了新房的年轻朋友提到想给家里买一个空气净化器，但挑花了眼也没有做出决定。这个话题迅速引起了群内成员关于空气净化器的吐槽。后来有人说："咱们群里的阿明不是家电专家吗？你问问他的意见！"此话一出，好几个人都 @ 阿明，让他解决难题。很快，刘明出现，迅速而专业地回答了群友的问题，不仅推荐了几款合适的机型，还解释了空气净化器的工作原理以及如何根据家庭情况选择最合适的型号，帮助那位有需求的朋友做出了性价比最高的选择。

不久后，那位年轻朋友在群里给出了使用后的反馈，对刘明的推荐大加赞赏。从那时起，刘明在社群中的角色悄然发生了变化。他不再只是那个爱好广泛的阿明，更是一位值得信赖的家电顾问。社群成员纷纷开始主动 @ 阿明，询问各种家电问题，从空调的匹数选择到洗衣机的清洁保养，刘明总能给出恰到好处的建议，甚至提供了一些独家的家电购买渠道和优惠信息，这让社群成员受益匪浅。

但刘明并不满足于此，他意识到，要成为一名全面发展的专业人士，仅仅局限于现有的知识和圈子是不够的。于是，他决定进一步提升自己，在繁忙的工作之余，报名参加了多门关于商业销售、高效谈判技巧以及个人成长的在线课程。这些课程不仅拓宽了他的视野，也让他掌握了许多实用的技能，为他打开了获得更多可能性的大门。

在学习过程中，刘明积极与拥有不同行业背景的同学互动，分享自己的家电专业知识，同时也虚心学习他们的行业经验。他主动加入这些同学所在的行业社群，比如房地产、装修设计、智能家居等社群。很快，他就凭借自己极高的专业素养和乐于助人的态度，在这些新社群中也树立起良好的口碑。

在众多新结识的朋友中，有一位从事房屋设计的朋友特别欣赏刘明极强的专业能力和积极态度。一次偶然的交流中，这位朋友透露自己的业务是和房地产商合作，专门装修样板间。他向刘明递出了橄榄枝："刘明，我知道你是家电领域的行家，我们这边刚好需要找一个长期合作的伙伴，给样板间搭配电器。我观察你很久了，你是一个靠谱的人，有兴趣和我合作吗？"

刘明抓住机会，不仅精心挑选了一系列符合项目定位的高端家电产品，还亲自参与了方案设计，确保每一款电器都能与样板间的整体风格和谐统一，彰显出样板间的品质感。最终，刘明提供的方案得到了合作伙伴的高度评价，双方通过此方案实现了利益的最大化，达成了长期合作。

这次合作的成功，不仅是刘明不断积累专业知识和努力的结果，更是基于他在人际关系网络中积累的信任。他明白，无论在哪个行业，良好的专业能力与诚信经营都是最宝贵的资产；他也认识到，社群能够让他更有效地连接到更多的潜在用户，打造个人影响力。

在加入各个社群的过程中，刘明发现很多人都有户外运动的爱好，尤其是徒步，已经成为很多城市打工人周末放松的首选。刘明想，自己何不建一个"徒步爱好者联盟"呢？这样不仅方便志同道合的朋友聚在一起组织活动，还能让"网友"变成真正的朋友，增进彼此的了解，建立友谊。很快，一个名为"走走走走走呀走"的群就建立了。起初，这个群只有 6 个和刘明熟络的成员加入，但随着每个成员的推荐和分享，"走走走走走呀走"在一周之内就拥有了近 100 个成员的规模，并迅速组织了第一次线下聚会。

要么成为社群中的 KOL[1]，要么拥有自己的社群。

作为群主的刘明，承担了活动的策划和组织工作。他组建了活动小组，给大家分配任务：有人负责路线规划，有人负责罗列装备清单，有人负责组织拍摄，每个参与活动的人都沉浸式感受到集体活动的乐趣。错过活动的群友看到活动如此热闹有趣，已经开始计划参加下一次的活动了。

线上聊千遍，不如线下见一面。

刘明组织的第一次徒步活动顺利展开。在徒步途中，大家围绕生活、工作、兴趣等话题畅所欲言，形成了紧密的社群关系网，建立了更亲密的友谊。而刘明也凭借自己良好的组织能力和对徒步的深入了解，确保了活动的安全与顺利开展，让每个参与活动的朋友都满意而归，赢得了群内成员的一致好评。活动结束后，参与者们主动在朋友圈分享徒步时拍摄的照片，分享感受，吸引了越来越多的人加入"走走走走走呀走"。

社群的规模在逐渐扩大，组织的活动也越来越多、

---

[1] 指关键意见领袖。

越来越有趣。在集思广益下，社群渐渐有了自己的口号、文化衫、旗帜，也有了各地的小组长。刘明还不定期邀请徒步达人在群里分享经验和技巧，邀请成员分享推荐的徒步地点和好用的装备。他知道，一个社群要想保持活力，就必须持续不断地为大家提供价值，让每个人都有参与感和获得感。

持续不断地输出价值，是一个社群长期维系活力和凝聚力的核心要素。

为了增进群里的互动，激发大家的热情，刘明在群里发起了一项"人人都可以参与，人人都容易参与"的活动——每日减脂餐打卡。一方面，他考虑到这项活动对大家有益，而且门槛很低；另一方面，在夏天即将到来的节点，减脂也成为一种广泛的需求。果然，这个活动得到了大家的积极响应，社群很快活跃起来。当然，刘明也积极打卡，不仅每天分享自己吃了什么，还经常分享自己的减脂成果。在分享的过程中，刘明也有自己的"小心机"，他每天都给自己的减脂餐拍摄精美的摆盘照片，展示食物的色彩和质感，让人们印象中寡淡无味的减脂餐显得美味起来，这也在群里引起了大家的好奇："阿明，为什么你的减脂餐看上去比我们的好吃？

能不能分享一下你的食谱呢？"

面对群内成员的好奇与期待，刘明又在每天打卡时分享了自己烹饪的方法："你们看，今天这道藜麦鸡胸肉看上去做起来很复杂，其实只要我们准备好食材，就能通过一键设定智能电饭煲的功能做好。这道菜不仅好吃，而且做起来方便快捷！""早上的奶昔做起来也很简单，就是把食材加入高速搅拌机，等我们刷完牙、洗完脸，它就做好了。"在分享的过程中，刘明常常自嘲"差生文具多"，但他的烹饪工具却引起了群内成员的兴趣。尤其是单身人士和忙碌的"上班族"，都表示他们也想拥有这样的厨房助手。

既然有了需求，刘明当仁不让地尽量满足。第一次社群团购就从单价不高的高速搅拌机开始，刘明为大家争取到了小小的折扣，20多位成员参与了"接龙"购买。大家在收到产品并使用后，都给了好评，而刘明也亲自讲解了使用方法，让大家在使用过程中没有后顾之忧。这次团购的成功让大家进一步增强了对刘明的信任，主动要求团购那些刘明平时用过的厨房"神器"。看到大家的需求后，刘明迅速与公司协商，最终敲定了团购的细节。他不仅为群友争取到了大幅折扣，还额外赠送了一些实用的小配件。新的团购消息一经公布，立即受到了热烈追捧，团购活动取得了巨大成功，销量远超预期。原本以徒步为主题的微信群又衍生出了新的团购群，不少爱好徒步的朋友把自己的亲友拉入团购群，只因为相信刘明的专业素养和人品。

刘明的销售业绩在社群力量的加持下迅速提升，他成了公司的销售冠军，获得了老板的赏识和重视。刘明的故事在不同的社群中流传开来，成为鼓舞人心的案例。他从一名普通的家电销售人员成长为跨界 KOL，又成为多个行业合作的桥梁和销售冠军。他在这一路上的每一次转变，都离不开社群的力量。

在这个互联互通的时代，一个人的能力和影响力不再受制于物理空间，而是可以通过互联网无限延伸。

在这个共享经济和社群文化蓬勃发展的时代，每个人都有可能成为影响他人、改变行业的关键节点。关键在于你是否愿意持续学习，是否勇于分享，是否能够坚持诚信与专业。刘明用自己的经历证明，一个人无论起点如何，只要敢于拥抱变化，积极融入社群，就能在不断交流与合作中找到属于自己的位置，实现个人价值的最大化。

【HOW】

如何迈好加入社群的第一步——自我介绍

在社群中进行有效的自我介绍是一门艺术，也是你加入一个社群后要做的第一步。它不仅能帮助你快速融入社群，还能为个人品牌建设打下良好基础。要做好自我介绍，需要注意以下几点。

第一，了解社群文化。在开始进行自我介绍之前，先观察社群的交流风格、规则和常见话题。每个社群都有其独特的氛围和不成文的规定，你的自我介绍应该与之契合。

第二，让你的自我介绍简洁明了。互联网用户的注意力是有限的，因此让自我介绍简短而精练至关重要。尝试用几句话概括你的核心信息。

第三，让你的自我介绍具有个性。避免进行千篇一律的模板式介绍，你可以分享一些突显个人特色或有趣的事实，如你的爱好、职业亮点或特别的经历，让别人对你留下深刻印象。

第四，大方且直接地展示你的价值，说明你能为社群带来什么价值。比如，你是否有专业知识可以分享？你是否能提供帮助或资源？你要展示你的加入对社群是有益的。

第五，给进一步互动开一扇门。在自我介绍的结尾，你可以提出一个问题或邀请社群成员与你互动。你可以提出一个开放性问题，或者表达你对某个话题的兴趣，鼓励社群成员做出回应。

当然，选择在合适的时间进行自我介绍也很重要。如果你刚加入社群，可以在入群时按照规定或惯例进行自我介绍；如果社群有固定的"自我介绍"时段或模板，遵循规则是基本要求。自我介绍只是加入社群的第一步，更重要的是之后的积极参与和贡献。持续地与社群成员互动，展示你的靠谱和友好，这将为你积累越来越多的信任。

不只做运营社群的高手，
还要做社群的主人

在当今信息时代，社交媒体和互联网的发展使得每个人都有机会建立自己的私域流量池，扩大个人影响力，并通过这种影响力变现。这个过程不仅需要智慧和策略，还需要持之以恒的努力和真诚的付出。

如果说刘明的经历是一次职场人在销售压力下寻找业务机会的探索，那我接下来要说的，则是一个普通县城女性从零开始的社群运营之路。简单来说，一个人在县级市场建了一个 100 人的微信群，一周获得纯利润近6000 元。如果是你，你愿意做这门生意吗？

事情是这样的。我曾打造过一款面膜。在面膜推广过程中，山东省某县的一位女士晓玲姐联系到我们，表示她希望能代理这款面膜。晓玲姐的情况是这样的：42岁，文化程度不高，初中毕业，独自带娃并在县城经营一家婚庆服务店，每月要还2000元的房贷。2020年前，她的个体门店每个月有10000元左右的利润；2020年后，婚庆业实体遭受重创，她已经半年无收入了。代理面膜是她绝境求生的机会。

晓玲姐过去从没接触过相关行业。在我们的指导下，她做了3个简单的动作：建群、分享和体验。首先，她从微信好友、过去服务过的顾客中筛选出100位25~50岁的女性，把她们拉进一个微信群，群名叫"一起变美的姐妹们"。接着，她把自己试用面膜的心得发到群里，还在群里发布官方介绍、使用方法等，让她的姐妹们了解这款面膜，并向她们推荐。最后，她邀请群里不同肤质的姐妹免费体验，并让她们把各自的感受发到群里。

令人惊讶的是，建群当晚，她就收到了20多盒面膜的订单。感受良好的体验者和因为信任晓玲姐而下单的顾客很快又往群里拉了不少人。仅仅过了3天，晓玲姐就在群里卖出了100多盒面膜，一周下来，纯利润接近

6000 元。

　　很快，晓玲姐意识到，微信朋友圈是她最直接的私域流量池。她开始在朋友圈分享自己的护肤心得，以及使用面膜的真实体验。不同于硬性推销，她的内容充满了真诚与温度，很快便吸引了身边亲友的关注。她还在微信群里定期分享护肤小贴士，邀请朋友们参与讨论，慢慢地，群里的成员从 100 人增加到 200 人，成了她的第一批忠实粉丝。这 200 人几乎都来自晓玲姐生活的县城，有原本就与她有着强信任关系的亲人、朋友，但更多人和她只是点头之交，甚至是陌生人。但很快，因为晓玲姐的社群，因为社群成员之间的口碑传播，他们和晓玲姐之间产生了连接，成为晓玲姐的支持者。而依靠着这 200 位群成员的支持，晓玲姐足以维持在县城的生活。

　　晓玲姐明白，粉丝的信任是她最宝贵的资产。她还组织了"面膜试用反馈"活动，鼓励粉丝分享使用感受，优秀反馈者还能获得奖励。这些互动不仅增强了粉丝的参与感，也形成了良好的口碑传播。每当粉丝在群里询问关于面膜的问题时，她都会细心解答，从面膜的成分、使用方法到个人护肤心得，她甚至针对个别人的特殊肤质问题提出定制化的护肤建议。她的真诚和专业态度赢得了成员们的信赖，大家纷纷把她推荐给自己的朋友，群里的成员迅速增加。

没有任何道路通向真诚，真诚本身就是道路。

而最让社群成员满意的是，晓玲姐会亲自为每一位朋友送货上门。这项亲力亲为的服务，不仅让商品交易变得有人情味，更是在无形中加强了基于信任的紧密联系。因此，晓玲姐在社群卖货不仅没有引起成员们的反感，反而得到了大家的鼎力支持。成员们不仅积极响应晓玲姐的每一次卖货"接龙"活动，还主动提出需求，让晓玲姐发起团购。

为了不辜负大家的信任，晓玲姐开始主动选品，为成员们挑选性价比高的商品并组织团购。由于成员们多是县城女性，晓玲姐一方面会选择家庭必需品，如洗衣液、菜籽油、清洁剂等；另一方面，她还会通过社交平台了解大城市的潮流趋势，为当地女性带来新鲜时尚又好用的商品，如红酒、防晒衣等。慢慢地，晓玲姐的社群规模越来越大，她主动加盟了一家空中超市，拥有了线下门店，丰富了商品品类，为大家提供了更好的购物体验。

听晓玲姐说，她计划半年后盘下一个大一点的店面，扩大规模。她还计划发展自己的本地加盟商。

晓玲姐是成功运用私域流量的典范，证明了即使没有高学历，只要有恒心、用心经营，同样能在互联网时代创造出一片天地。从零收入到超市老板，晓玲姐用自己的经历点亮了无数人的创业梦想，证明了"知识不够，真诚和努力来凑"的道理。每个人都可以有意识地建立自己的私域流量池，利用社群扩大个人影响力，利用个人影响力变现。晓玲姐的每一个行动都充满了诚意，从分享自己使用面膜的真实感受，到邀请朋友们免费体验，再到用心回复每一条留言，这些点点滴滴都在潜移默化中增强了她的个人影响力。她从自己的朋友圈开始，利用自己对产品的真诚推荐和细致入微的服务，逐步扩大了自己的影响力。

这个过程需要智慧、策略和持之以恒的努力，但只要用心经营，任何人都可以在互联网时代找到属于自己的成功之路。

【HOW】

如何让你的社群保持活力

当你成为一个社群的主人后，你就建立了你的私域流量池。但你还需要激活私域流量池，让用户持续保持活跃。而其中的关键就在于构建一个深度的、精准的、有活力的用户运营体系。

第一，你需要设计一套灵活的会员体系，为用户分级并提供梯度化服务和权益，通过积分、等级、折扣、特权等吸引用户参与和留存。

第二，你需要持续针对目标用户进行精细化运营，不断获取和分析用户行为，基于数据进行个性化运营，对不同层级用户制定不同策略，激发不同层级的用户进行高频互动，增强用户黏性。

第三，在现有运营体系中，你还需要建立一个分享裂变机制，与用户做更深层次的利益绑定，鼓励用户推荐好友加入或分享内容，如通过返利、奖励、积分、优惠券等，建立利益共享机制，让用户成为你的渠道。

第四，持续不断的内容输出和数智化工具的使用也将成为激活私域流量池时必不可少的助力。如果说内容是吸引用户的核心，那么数智化工具就是将内容的作用放大的"黑科技"，可以让你的运营更精准、更有效。

激活私域流量池需要细致的用户洞察、精准的运营策略、合理的激励机制和情感连接的构建，以及技术工具的辅助。它们会形成一个让用户从认知到参与，再到主动推广的正向循环。

社群是一群志同道合的人的聚集地，也是连接服务、商品、信息等的载体。而社群思维就是基于这种关系而产生的，它的核心是运营用户与满足用户的多元化需求。社群思维强调的不是一次性交易，而是用户的终身价值；强调的不是某一件商品，而是一站式系统解决方案；强调的不是一个用户，而是一个用户背后潜在的更多用户。通过社群，我们可以为用户提供超值的商品和服务体验，从而赢得口碑，获取信任，建立强关系。新的时代，越来越多的企业和品牌开始以社群为中心，思考如何聚集一群有相同价值主张、生活态度的用户和潜在用户，以及如何通过与这群人同频共振来影响更多的人。

Keep：
社群之路能持续下去吗

生命不息，运动不止。

作为中国目前最大的健身平台之一，Keep 是一个不断发展并以交付为导向的平台，为用户提供全面的健身解决方案，以帮助其实现健身目标。[1]

2024 年 3 月 28 日晚，Keep 发布的 2023 年度业绩报告显示，其 2023 年实现营收 21.38 亿元，同比下降 3.3%。尽管营收微降，但 Keep 在 2023 年经调整后净亏损为 2.95

---

[1] 本部分数据基本源自 Keep 招股书。

亿元，对比 2022 年的 6.67 亿元，同比大幅收窄 55.7%。

Keep，中国"运动科技第一股"，它的发家史是一个典型的创业传奇，充满了创新、洞察与坚持。

2014 年，Keep 由王宁创立。那时，王宁还是一个年轻的创业者，他敏锐地察觉到了人们在移动互联网时代对健康管理日益增长的需求，尤其是年轻群体对健身的热情与日俱增，但市面上缺乏一款真正满足大众需求的健身应用程序。于是，他带着"让每个人都能自由、便捷地享受运动乐趣"的愿景，创立了 Keep。

起初，Keep 只是一个简单的健身课程聚合平台，通过高质量的视频教程，让用户在家就能跟随专业教练进行锻炼。它的撒手锏在于个性化的推荐系统——能够根据用户的健身水平和目标，为其提供量身定制的训练计划。这一特点迅速吸引了大量用户。

2015 年 2 月，Keep 正式上线，凭借简洁易用的界面设计、丰富的课程内容以及社区功能，快速在健身爱好者中传播开来。尤其值得一提的是，Keep 抓住了社交媒体的风口，鼓励用户将自己的健身成果分享到社交媒体，从而形成口碑效应，用户数呈现爆炸式增长。

随着时间推移，Keep 并未局限于提供基础的健身课程，而是不断迭代升级，引入了跑步、骑行、瑜伽、饮食管理等多个维度的功能，构建了一个全方位的健康管理生态。同时，它还大力发展智能硬件产品线，如智能手环、体脂秤等，进一步提升了用户体验与黏性。

更重要的是，Keep 深谙社群运营之道，通过建立线上社群、开展挑战赛、引入明星教练和 KOL 等方式，让用户在平台上形成了强烈的归属感和热烈的互动氛围，这也是其提升用户黏性、实现持续增长的关键策略。

如今，Keep 已从一个初创应用程序成长为国内领先的健康管理品牌，成功完成了从单一 App 到多元化健康生态的华丽转身，用户规模超过 3 亿。

但 Keep 的发展并不是一帆风顺的。

如果只是提供健身教程，Keep 的发展是不会长久的，但如果把线上健身房打造成一个社群，那 Keep 就有长期的价值了。

Keep 针对的主要是中等收入以上的群体，尤其是年轻的"80 后""90 后"等能够深入关注互联网，并需要减肥或者健身的人群。

这部分人群主要有 3 个痛点，总结来说就是：不方便去健身房，又特别想健身；自己健身，但是动作不够标准，饮食习惯不科学，又没有人指导；知道怎么健身，但是一个人健身的过程太过枯燥，不容易坚持。

Keep 针对这 3 个痛点制定了解决方案，把健身房的专业课程设计成了免费的标准化课程，让用户在家就能轻松健身。不仅如此，Keep 还积极对接国际知名健身 KOL，如帕梅拉等人，极大地增强了用户黏性。

被全球网友"又爱又恨"的运动博主帕梅拉来自德国，在国外社交媒体上拥有数千万粉丝，因为面不改色地做高强度动作，而被粉丝亲切地称为"帕姐"。

你可能没跳过减脂操，但你肯定听说过帕梅拉。她以高效、实用的健身教程和令人羡慕的身材在全球范围内拥有极高人气。她的训练风格既适合健身"小白"，也适合有一定基础的锻炼者，深受全球健身爱好者的喜爱。

Keep 敏锐地洞察到帕梅拉在全球的影响力，邀请她独家入驻平台，并与她共同开发了一系列定制化的训练计划。这些计划结合了帕梅拉标志性的快速燃脂、塑形课程，以及针对不同健身目标的综合训练方案，从全身燃脂到局部塑形，从初级到高级，全方位满足用户需求，让用户在家就能享受国际水准的健身指导。

互联网时代，流量非常重要，有了流量才有变现的可能。

Keep 创作者运营总监王楠在 2021 年 Keep 创作者盛典上说："平台上有大量健身博主，但并不是人人都能成为帕梅拉、周六野。事实上，想要健身博主在平台活跃并且持续输出内容，平台得让他们能挣到钱。"同时，在 Keep 首页，许多"素人"会在这里分享减肥日常与经验、健身前后对比图与心路历程等，他们不仅通过健身改善了自己的体质，还通过分享吸引了粉丝和流量。

内容平台有"强者恒强"的网络效应。

用户越多，就越能吸引创作者生产更多的优质内容；优质内容越多，反过来又会吸引更多用户。

Keep 的社群功能和内容创作工具让许多用户得以创建自己的训练小组，分享个性化训练计划和饮食建议。随着内容质量的提升和粉丝的积累，他们逐渐建立了自己的私域流量池，成为小有名气的健身 KOL。Keep 适时地提供流量扶持和官方认证，帮助他们进一步扩大影响力。同时，他们也为 Keep 带来了更多真实、生动的用户故事和正面口碑，形成了良好的品牌 - 用户共生关系。

Keep 还将运动圈子升级为"运动俱乐部"。目前，

Keep 已上线超过 140 个运动俱乐部，每周推出 200 场活动。根据"小群效应"的逻辑，社群圈子只会越来越小，但运动俱乐部的社交属性和凝聚力则日益强劲。在各类赛事的推动下，其规模逐年壮大。

GYMSQUARE 发布的《2023 中国健身和健康生活方式行业报告》中的数据显示，2023 年，有约 28.7% 的用户会在平时通过户外运动的方式参与健身。这一数据高于参与居家线上健身的 16.9%。小红书发布的《2023 户外生活趋势报告》也显示，2023 年 10 月，户外用户日活相比 1 月增长超 100%。

与 Keep 发布会上的主题"处处皆主场"所传递的一样，当下，运动的场景正在从健身房不断向外延伸。

2023 年业绩报告发布的前一天，Keep 发布了 8.0 版本的 App。此次更新迭代旨在通过对户外功能的完善来寻求户外赛道上的新增量，这也是业绩报告中提及的 Keep 未来的重点工作之一。甚至在 Keep 全新的宣传片中，也出现了大量户外运动的元素与场景。

与此同时，Keep 也需要持续夯实现有基本盘。通过对 60 多种运动品类的拓展与 50 多种外部硬件设备的支持以及引入算法、AIGC[1]和大模型等方面的应用探索，Keep进一步强化了自身在线上健身领域的竞争力。

换句话说，以运动工具起家的Keep，正在尝试"破圈"，进一步拓展市场。时至今日，或许再用线上健身公司来形容Keep已不再恰当。当下的Keep既是线上健身公司，也是一家体量相当大的运动健康消费品公司。甚至在未来，Keep将会成为一家户外运动领域的公司。

一个直接的例子是，Keep已接入全国150多场马拉松赛事，在2024赛季，Keep已经能够支持参赛者在完赛后实时查阅成绩排名等信息。

另外，2024年年初，轻运动户外品牌粗门和Keep达成全面战略合作，并获得A轮战略投资，Keep在户外赛道布局十分明显。事实上，不管是室内还是户外，线上还是线下，不管运动场景如何变化，用户运动健身的需求始终存在。这是上市后的Keep，也是家庭和商业健身从业者需要共同思考的问题。

2024年3月27日，Keep已把下一个十年的愿景设置成"成为10亿运动者的自由运动场"，开始瞄准基数

---

[1] 指人工智能生成内容。

更大的大众用户，以燃动生活的力量解锁每个用户的潜力，以自我迭代探索无限商机。

今天的努力能带来明天的收获。

Keep 很努力，你努力了吗？

第四章

流量思维

当流量变成留量，它才能让价值变现

人人都是你的可用渠道，

你自己也能够成为价值百万元的渠道。

欲穷千里目
更上一层楼

人人都是价值百万元的渠道

市场环境的不确定性映射在普通人的生活中，可能是被迫降薪，也可能是"毕业即失业"，给人带来焦虑，让人感到恐慌。因此，越来越多的人开始接受和重视"反脆弱性"的概念，主动寻找出路，寻找人生的其他选择。

所谓"反脆弱性"，指的是那些不仅能从混乱和波动中受益，而且依靠混乱和波动才能维持生存和实现繁荣的事物的特性。

我认识一位 M 女士，她的事迹任谁听了都得竖起大拇指，称她为"天选反脆弱战士"。参加工作后，M 女士一直按部就班，职业生涯顺风顺水。她在一家大型电商公司担任人力资源总监，她常调侃自己的工作"谁都能干"，就是每天埋头在一堆简历中"挖宝"。但我们都知道，这份工作让 M 女士练就了一身本领：善于发现人才，知人善任；游刃有余的社交能力和谈判技巧；果断利落的执行力和令人如沐春风的亲和力。这些特质虽然与性格有关，但更离不开 M 女士在本职工作上的钻研劲儿——"熟能生巧是必要的，与时俱进也是必要的"，M 女士就是这样的人。

2020 年前的一次朋友聚会上，一群家庭和谐、工作稳定的女性热烈地分享着自己的"幸福经"。M 女士"不合时宜"地说了一句："哪有什么铁饭碗呢？我们的安全感只能靠自己给自己！"这句当时看来颇为"凡尔赛"的话，很快在 2020—2022 年得到了验证。

伴随着不可抗力的冲击，各行各业都显露颓势。朋友中有被"优化"的，有创业惨遭滑铁卢的。M 女士虽然在成熟的大公司，但也遭遇了从业以来的第一次"巨变"：为了寻找新的市场机会，M 女士所在的电商公司决定拓展业务板块，成立一家全新的子公司，深耕垂直领域，进军社区团购市场。而 M 女士在集团高层的紧急会议上临危受命，担任这家子公司的HRD[1]，负责在新领域寻找新人才。

这份工作看上去和以前的工作几乎相同，但实际上却困难重重。人才短缺、团队信任度低、品牌知名度低等问题接踵而至。面对几乎全新的领域，M女士还能继续运用她的经验找到适宜的人才吗？她还能在新的团队中继续保持可靠专业的形象吗？

经过一段时间的梳理，M女士对关心她境况的朋友们说："你永远赚不到你认知以外的钱。但你可以不断拓展自我认知，牢牢抓住认知以内的钱。"她转身就投入公司的具体业务，从零开始、躬身入局，参与社区团购的工作——是的，M女士的破局之道是把自己锻炼成一个合格，甚至优秀的团队长[2]，把自己打造为成功案例。

自此，M女士在繁忙的工作之余，开启了自己的"副业"[3]——成为自己创立的私域社群的"首席体验官"。她利用晚上和周末的时间参与社群的运营，从最基础的

[1]　人力资源总监。

[2]　团队长指社群团购组织者。

[3]　本文中M女士从工作中挖掘出了"副业"，而大多数人都可以从案例中找到自己真正的副业。

社群维护到活动策划，甚至是客户服务，她都一一尝试。她相信，只有亲身经历过，才能更准确地捕捉到社群运营的精髓，也才能在招聘时准确地向应聘者描绘公司文化与业务实况。

流量有两种，一种是公域流量，一种是私域流量。不是每个人都有能力把握公域流量；但在移动互联网时代，每个人都可以把握自己的私域流量。所谓私域流量，就是能够被你主动掌握的流量，即通过你的个人品牌、影响力等带来的流量。私域流量就像一座只属于你的花园，只要你用心灌溉，一定能开出美丽繁盛的花。

起初，M女士的社群内只有几个同事和朋友，慢慢地，凭借她的专业知识和她对人情世故的深刻理解，社群逐渐吸引了许多志同道合的职场人士。M女士定期在社群内举办线上分享会，主题包括职场技能提升、情绪管理，以及家庭与事业的平衡，内容丰富多元，紧贴现代职场人的实际需求。这些活动不仅加强了成员间的联系，也为M女士赢得了广泛的认可和尊重。

在私域流量体系的搭建过程中，核心的一环就是粉丝渠道化。粉丝是支持者，当你的私域流量池中的粉丝拧成一股绳，他们就能迸发出无限潜能，成为你的武器、

铠甲和退路。

在社群的运营过程中，M女士更是创造性地将人力资源管理的精髓融入其中，比如通过开展"职场角色扮演"活动，帮助成员们理解不同岗位的工作性质，从而在招聘时更加精准地匹配人才。她还将我的"三大运营底层逻辑"——标杆逻辑、极致逻辑和换位逻辑运用到社群管理中，引导成员们在各自的领域内树立标杆、追求极致，并学会站在他人的角度思考问题。

这些宝贵的经验不仅为她带来稳定的收益，也成为她日常工作中的一大亮点。每当有新员工加入，M女士都会将自己的经历作为案例，生动地讲解公司文化、业务流程以及如何快速融入团队，这样的方式让新员工倍感亲切，从而大大缩短了他们的适应期。

很快，M女士在新公司收获了大批粉丝，重新立住了专业度高的人设！而这次，M女士在同事们心目中，不仅是一个能力强的HRD，更是一个主业和"副业"兼顾发展的榜样。在M女士成功经历的鼓舞下，她身边的同事、社群中的朋友都加入她的团队，做起了社区团购的团长，把"副业"搞得风生水起。而M女士也一步步晋级，成为一位颇有实力的团队长。

随着时间的推移，M 女士的社群规模迅速扩大，从几十人增长到了几千人。该社群的影响力也逐渐超出了预期，社群不仅成为新员工入职前了解公司文化的窗口，也成为 M 女士"副业"收入的重要来源。

【HOW】

如何激活自己的私域流量池，让流量为你赚钱

　　激活私域流量池是如今基于社交新零售模式产生的重要概念，它强调以个人为核心，通过自用省钱、分享赚钱以及二度返利等方式，构建起与品牌和用户之间新型的合作关系，而消费商模式也是实现粉丝渠道化的重要方式。

　　在"人人即终端"的今天，消费商是经营者和消费者两者结合为一体的商业概念。消费商具有轻资产、门槛低、风险小的特点。消费商使消费者与企业营销紧密相连，让消费者成了经营者，与企业的利益深度捆绑。

　　想要成为一个优质的消费商，你需要先让自己具备以下4点特质。这4点特质能够帮助你在人群中发现自己的伙伴，找到合适的潜在用户。

　　第一，人格式背书，即你能够通过社交媒体展示专

业度，建立信任感，建立个人信誉，让人认可你是某领域的专家。

第二，自驱式圈层，即你能够围绕兴趣、价值观建立圈子，如游戏群、影迷群，吸引志同道合的人靠近你，从而形成自驱力，让用户愿意跟随你，成为你的粉丝。

第三，分享式内容，即你需要具有持续输出高质量内容的能力，并渴望利用移动互联网传播这类内容，从而引发共鸣，让用户愿意分享，形成社交货币，扩大影响力。

第四，参与式共建，即你能邀请用户参与你的社群建设，如众筹、共创活动，让他们产生归属感，并在体验后自发推广，形成进一步的口碑传播与社交裂变。

当然，当你想要培养自己的消费商渠道时，需要思考以下 3 个问题：

你能不能为消费商赋能背书？

你能不能为消费商带来价值？

你能不能持续为消费商提供优质内容？

你需要与消费商建立共生关系，通过赋能背书、共享价值链和信任链，让消费商成为你的品牌扩展助手，从而建立健康正向的价值共享生态，推动私域流量裂变，实现共赢。

最大限度激发渠道能量，让变现无限正向循环

用 M 女士的话说，这副业"一不小心"做大了。随着 M 女士的社群逐渐扩大，她在社区电商、社群运营领域都成了小有名气的专家。公司的内训分享会上总有 M 女士的身影；甚至有不少外部企业邀请 M 女士考察参观，为他们提供社群建设和人才培养的解决方案，她的顾问业务也开展了起来。

人人都是你的可用渠道，你自己也能够成为价值百万元的渠道。

再次见到 M 女士，她的副业收入已经远远超过主业

收入了。从工作稳定的 HR 到每月副业收入突破 20 万元的团队长，M 女士还在继续夯实副业之路。她用行动告诉身边每一个人，真正的领导者是那些既能在宏观上把握方向，又能在微观上身体力行、以身作则的人。而这正是她的人格魅力所在。

M 女士在实践中深刻理解到建立私域社群、激发渠道能量的关键在于人的连接。

线上，她利用社交媒体和即时通信工具创建并着力运营自己的专属社群。在这个社群中，她不仅分享行业动态、职业发展心得，还定期邀请业界专家开展在线讲座，让成员们能够持续学习，相互启发。更重要的是，M 女士鼓励社群成员之间进行深度交流，分享工作中的挑战和解决办法，这样逐步形成了一种积极向上、互助共赢的社群文化。

M 女士的社群策略很快收到了良好的成效。随着社群影响力的扩大，这家新成立的子公司不仅吸引了大量求职者的目光，也引来了潜在的合作伙伴和客户。M 女士适时推出"推荐奖励计划"，鼓励社群内外的成员推荐人才，成功推荐者可以获得丰厚的奖金或福利。这一举措极大地提升了招聘效率，降低了招聘成本，也为团队纳入新鲜血液提供了一条新的渠道。

线下，M女士除了在招聘上创新，还利用社群的力量推动产品的预售和市场调研。她组织社群内的核心成员进行产品体验，并邀请他们给出反馈，这些真实的用户体验成为产品迭代优化的重要依据。通过社群营销，新产品在正式上市前就已收到了大量的预订订单，为公司带来了可观的现金流。

此外，M女士还在公司内部发起了一场名为"未来领袖"的培训项目，这个项目不仅面向新招募的员工，也对现有团队开放。她设计了一系列线上、线下结合的培训课程，内容涵盖了职业技能提升、团队协作、领导力发展等多个维度，旨在全面提升团队的能力。在培训过程中，M女士巧妙地将公司文化、使命愿景融入其中，让每个参与的员工都能感受到自己是这个新公司不可或缺的一员，成员之间的凝聚力和个人认知水平都得到了统一与提升。

构建渠道化社群的核心，不仅是寻找用户，更是构建一个共享价值与热情的利益共同体。

M女士的成功并非偶然。她深谙构建一个有温度、有黏性的私域社群是连接人与人、企业与市场的桥梁。

她通过自己的实践证明，真正的领导者不仅要擅长管理，更要懂得如何用情感和价值观去连接他人，激发每个人的潜能，形成强大的团队合力。

事实上，无论是在职场上还是在生活中，只要你敢于跳出舒适区，勇于创新，就有机会闯出一片天地。

流量的红利时代结束了，围绕人格魅力所形成的社交关系时代开启，这是一个超级个体崛起的时代，人人即终端。在市场的寒冬中探寻其他选择，总会迎来春暖花开的时刻。

一切困难都是转折与机遇。只要你有信念、有执行力，通过改变，你也可以成为不可替代的自己。

【HOW】

如何建立一个高效运转的社群

第一，立纲领。社群价值观和目标决定了社群的定位和成员构成。

第二，聚人群。围绕共同的兴趣、需求或身份特征聚集人群，能够确保每位成员都能从社群中找到归属感，实现价值认同。

第三，树榜样。在社群中培养和利用意见领袖的力量，能够促进社群保持活力。

第四，强互动。互动性强是社群活跃的标志。组织多样化的线上、线下活动能够促进成员间深入交流，而社群管理者的有序引导，能够让社群内始终保持讨论的丰富性和深度。

第五，定规则。社群规则是维持秩序的保障。明确的社群规则有助于避免广告泛滥、负面信息传播，保护社群环境。社群规则应由社群成员共同参与制定，这样才能被广泛接受；执行时既要严格，也要灵活。

第六，造势能。所谓势能，是社群成员一致性行为带来的能量。强大的社群势能不仅能增强传播活动的影响力、穿透力，也能增强社群集体荣誉感。

第七，裂变复制。在恰当的时间，社群可以进行裂变复制，壮大力量。

在移动互联网时代，流量不仅仅是数字的累积，更是用户行为、注意力和偏好的体现，还是衡量企业和品牌竞争力的关键指标。流量思维作为应对流量时代的重要商业策略，要求企业从根本上重新审视和构建与用户的关系。毫无疑问，流量思维强调数据的重要性。通过收集和分析用户数据，企业能够更精准地洞察用户的行为模式和需求变化，从而制定相应的营销策略。传统的流量思维的运用主要分为两步，第一步是拉新，第二步是成交，这是不可循环的。

但从长远来看，只有留下来的流量才能帮助企业走得更久、更远。这就是我常说的"留量思维"。与流量思维不同，留量思维的运用有 4 步：第一步是拉新，第二步是成交与用户沉淀，第三步是用户运营，第四步是社交裂变。留量思维能够实现企业发展的良性循环，不仅能够维护好企业现有用户，把他们转变为高忠诚度的用户，还能够让用户带来用户，持续不断地实现拉新与裂变。从"流量"到"留量"的转变，是深耕用户运营的本质。

帆书:
当人人都能获益,组织就能指数级增长

　　2013 年底,在免费经济盛行的时候,樊登创立了国内较早从一开始就向用户收费的知识服务品牌——樊登读书。到 2023 年,樊登读书已走过了 10 个年头,启用新品牌名"帆书",开启了品牌的全新进阶之路。在成立之初,樊登读书就提出了"帮助 3 亿国人养成阅读习惯"的品牌使命。10 年时间,樊登读书从一个小小的微信群不断发展壮大,已经成长为注册用户突破 7500 万的超大学习型社群组织。

显然，从樊登读书到帆书[1]，它的会员裂变速度可以用指数级增长来描述。这种现象的背后又隐藏着什么秘密呢？

1. 从 0 到 1：在对的赛道，找到对的人

找准赛道，找到增量市场，这是实现一切增长的基础。

当 2013 年樊登做读书会的时候，国内还盛行免费经济，知识付费尚未大量出现。可以说，樊登创立向用户收费的知识服务品牌是逆势而为，但帆书火了。究其原因，主要有两点。

一方面，这是时代造就的需求。我曾经在朋友圈和社群做过一个小调查，发现在 137 人中有 84.7% 的人感到焦虑，而获取知识是缓解焦虑的最好方式。一位经济学家曾说过："每当出现经济大萧条，背后的深层原因肯定是人类知识出现了断层。"同样，焦虑感的产生也是因为我们的知识不够用了。所以，樊登率先找到了一个

---

[1] 为了叙述方便，以下统称"帆书"。

真实存在的增量需求。

另一方面，移动互联网及社群组织为读书会的商业变现提供了可能。读书会的组织形式早就有了，但都是民间自发组织的或者是一些公益组织发起成立的，是各自独立的一个个小社群，无法形成规模效应，而互联网和移动互联网可以将千千万万个小社群连接起来，将商业变现策略迅速复制和推行。

显然，发现增量市场，找对真实需求，是帆书实现从0到1的第一个起点，这里的增量市场不仅仅是指一个新生的空白市场，还是一种绝对的增量。而相对的增量，就是从存量中挖掘增量，通过新技术、新手段来改造传统的业务。在今天，很多行业都值得重新改造。

当你找到了一条对的赛道，接下来便是去找你的目标用户。在寻找目标用户，从0到1搭建会员体系的过程中，帆书遵循了用户思维的圈层化原则，即先找出核心目标用户。我们不可能让所有的用户都成为我们的粉丝，但一定要找到产品的核心目标用户，让产品超出他们的预期，打动他们，让他们产生强烈的分享欲望和冲动，这就是良好口碑产生的过程。而良好的口碑则是引导大众流行趋势的主要因素。帆书首先将目标用户锁定在樊登个人的粉丝上。

我们知道，帆书和其他知识社群最大的不同就是，它拥有线下渠道体系。帆书的渠道商，包括后来的书店加盟商，基本都是从樊登的粉丝转化而来的。早在2013年，樊登就尝试建了一个微信群，在群里给听众讲书，让愿意听的人付费进群。第一天群里就进满500人。第二天一个群就扩展成为两个群。就这样，帆书有了最初的"一千个铁杆粉丝"，而这些粉丝基本都是听过他线下课的学生，其最早的一批渠道商也是从这些粉丝中产生的。

他们就像帆书播撒的一粒粒种子，在全国各地甚至是海外生根发芽，开花结果。与传统经销体系不同的是，他们与帆书之间不仅仅是一种代理和商业合作关系，他们还对帆书有一种独特的情感——他们欣赏樊登的学识，认同帆书的价值观，并且每个人都从中获益过，愿意将自己的感受和体验分享给他人。

除此之外，在会员拉新方面，帆书还采用了线上、线下共同发力，全渠道发展的策略。

（1）线上：吸引力强的活动＋多平台营销

可以说，帆书在各个平台都在为会员拉新而努力。除了常规的拉新操作，如广告投放等，帆书在线上的会员拉新方面还有两大亮点。

① 抓住核心销售日

自 2017 年 4 月 23 日第 22 个"世界读书日"起，帆书每年都在这一天开展"买一赠一"的会员优惠活动。此举曾遭到很多人的非议，他们认为这种行为会透支消费、透支品牌，但数据让质疑声自动消失了。因为帆书的每次大促都能将销售平均值提高，有时甚至达到两倍以上。

借助"世界读书日"这个核心销售日，越来越多的人开始接触到帆书。正如樊登所说："如果没有这样的营销，很多人是没机会接触到我们的产品的。我们的产品不怕他不买，就怕他没接触过"。

②"蚂蚁雄兵矩阵"

在抖音上，就算你没有关注帆书的官方账号，你也有可能看到与帆书相关的内容。为什么？这主要是因为帆书的渠道体系形成了一个"蚂蚁雄兵矩阵"。这个矩阵共有超过 2000 个分属不同公司、来自不同地区的账号。每个账号都会根据自己的风格进行内容调整和发布。与此同时，樊登与团队也一直坚持在每周四固定进行直播，推荐好书。这不仅为帆书带去了流量和知名度，带动了图书销售，同时也为账号矩阵提供了更丰富的内容素材。因此，很多人总能"一不小心"就看到与帆书相关的视频。

帆书是所有知识付费品牌中较早做视频的，樊登所讲的每本书都有视频，而且每本书的知识密度都很高，这些书很适合被拆分成具有信息点、知识点和热点的短视频。同时，帆书所选的书籍通常都是与我们的日常生活贴近且实用的，如育儿类、沟通类等，符合大众需求。无论你的年龄、性别、地域如何，你都能在帆书的账号矩阵中遇到适合自己的内容。因此，在短视频盛行的今天，帆书得以乘势扩大影响力，在视频平台上形成火爆的局面，吸引更多用户的关注，提高用户认知度。

（2）线下：数万场活动的积累

帆书与其他知识付费平台相比，有一个显著的特征，即具有强大的线下运营能力。而每年数万场线下活动的开展不仅得益于樊登本人的 IP，更依托于帆书的渠道体系。在帆书，除了每年会举办很多场樊登个人的大型演讲活动，还有许多由地方读书会自发举办的线下主题活动。

为保证线下读书会的质量，维护帆书的品牌，帆书总部不仅会对渠道商进行从价值观到运营能力的审核，还会对每一次活动的主题和活动效果进行跟踪和审核。这些线下活动的主题各不相同，渠道商会根据当地特色和用户需求进行个性化、本地化的设计、调整和改进。

每年数万场的线下读书会无疑在各地为帆书打造了品牌知名度和亲和力，为帆书的会员拉新起到了重要作用。这也是其他同类型品牌所不具备的能力。

当然，作为一个极度依赖内容质量的知识服务品牌，帆书在内容打造上的极致逻辑也是值得我们学习的。在今天，一个优秀的品牌必须从用户角度出发，为用户打造极致体验。这种体验源于优秀的产品设计和严格的内容质量把控，品牌不仅要保证每一个用户都能得到稳定且持续的良好消费和使用体验，还需要保证价格和质量的平衡。简而言之，一个优秀的品牌需要从用户出发，实现深度的用户洞察和用户理解。显然，帆书做到了。

当帆书在对的赛道上，用对的方法找到对的人，同时又用极致逻辑打磨产品，保证产品的体验时，实现从 0 到 1 的成功也就顺理成章了。

2. 从 1 到 n: 为会员提供超乎预期的价值

在帆书内部，衡量一个产品能否成功要做好以下 3 点：第一，判断产品力是否较强；第二，判断它是否有裂变的潜力，并找准它的裂变关键点；第三，给它成长的时间，使它的成长匹配企业生命周期，为它提供足够的时间实现业务积累和资源积累，最终形成复利效应。

依据以上 3 点，帆书在打造会员体系，实现从 1 到 n 的突破时，有的放矢地进行了精准的运营。

（1）打造完善的会员权益体系

帆书 App 的会员权益体系内，樊登讲书会员是最主要也是收费规模最大的会员产品之一。作为一个每年收费三百多元的会员产品，樊登讲书会员包含能够满足不同用户需求、极具吸引力的会员权益。这些会员权益的设置虽然简单，但在吸引力、实用性上都符合用户需求。

①会员专属折扣

樊登讲书会员可享受站内大部分内容的会员专属折扣，包括课程、电子书、训练营打 8.8 折，商城商品打 9.6 折。其中，商城折扣还可以与其他折扣叠加使用，这为会员提供了最大限度的优惠。

② 虚拟礼品卡

樊登讲书会员可获得 5 张虚拟礼品卡。通常，樊登讲书会员会把这 5 张虚拟礼品卡赠予亲友，这不仅能够帮助帆书做进一步的宣传，让更多的人体验和了解帆书，还可以给会员带来满足感和尊贵感。

③ 热门课程成长礼包

樊登讲书会员还可以免费获赠超实用的新人专享成长礼包，其中包括4门"大咖"课和3本"大咖"精讲书，这些课程和书涉及人文、成长、亲子、历史、心灵、国学、管理、家庭等不同领域，并进行周期性的更新，为会员提供实质性的帮助和指导。

作为一个知识服务型的App，帆书App在会员权益的设计上遵循了简单实用的原则，对会员具有很强的吸引力。

（2）建立会员分享激励机制

刺激分享是裂变的重要手段。除了优质的内容，为了促进会员分享，帆书也建立了特有的会员分享激励机制。

① 产品交互机制

想要让用户主动分享，需要注意两点：一是操作简单，二是有利可图。良好的产品交互机制为方便用户分享创造了条件。在帆书中，你可以通过一个简单的分享功能键即刻将你想要分享的内容以"海报＋二维码"的形式分享到微信、QQ、微博，还可以以链接形式分享到任何你想要分享的其他平台。

②分享利益点机制

正如前面所说，让用户主动分享的前提是让用户有所得。帆书在会员激励方面就设置了多种多样的机制，让会员获得会期或积分等直观收益。例如，当会员将内容分享给朋友，他的朋友通过扫描海报中的二维码听书后，这位会员即可得到 3 天会期的奖励。这样低门槛的简单分享行为既能为会员带来利益，还能够让会员在分享的过程中获得被认可的满足感，从而形成一个良性循环。

至于积分体系，帆书很早就建立了。到今天，其积分体系已经相当成熟。在帆书 App 中，你可以通过各种途径获取积分。例如，如果你邀请了一个朋友使用帆书 App 并成为付费会员，你将获得一定积分的奖励。你可以用这些积分在帆书 App 的心选商城中兑换实体书、会期、课程、电子书、周边等。

据我了解，很多帆书 App 的用户在第一年成为付费会员后，就可以通过分享、积分兑换等实现免费的会员续期。

在帆书内部一直流传这么一句话："好东西是自己长出来的。"相信樊登讲书会员的各种权益也是经过不断运转、实验、试错和调整才形成的，在未来也会继续迭代升级。当你永远比会员多想一步，为他们提供超过预期的体验时，从 1 到 n 的增长就有了土壤和根基。

3. 从 n 到 ∞：不只是会员，更是"同路人"

也许你也发现了，帆书的"自来水"特别多。在我们的朋友圈、微信群和身边，都有许多自愿、自发、主动推荐帆书、分享帆书的人。稍加了解后，不难发现这些人都是帆书的老会员和忠实用户，其中不少人已经成为帆书的渠道商。

在帆书内部，有一个"超级伙伴养成计划"。这个计划的核心是将用户先转变为付费会员，再发展为与帆书有情感和利益双重连接的渠道商。这群人就是与帆书一起成长、共同进步的超级伙伴、"同路人"。值得注意的是，帆书最早的渠道商几乎全是樊登个人的粉丝，显然，这正是我所说的"粉丝渠道化"的体现与实践。

与传统中我们想象的那种拥有地方渠道资源和人际关系的渠道商形象不同，帆书的渠道商很多都是从零开始的。

樊登曾分享过这样一个案例，展示了帆书渠道商的典型形象。帆书有一个渠道商是山西人，他也是帆书的忠实用户。他最早是一家汽车 4S 店的老总，管理着成千上万人，他的每条朋友圈都会有上千人点赞。樊登问他是怎么做到的，他说很容易，早上晨会讲话 5 分钟之后所有人都会点赞他的朋友圈。他最早就是这么管理员工的。后来，人到中年，为了寻求事业的突破，他毅然辞职，成为帆书的渠道商。他当时问帆书的工作人员，哪个城市还没有渠道商，表示哪里能做，他就去哪里。最后，他南下去了安徽，得到了很好的发展。同时，他的弟弟也在山西担任帆书的渠道商。

从这个案例中，樊登总结出一套寻找超级伙伴的经验：那些从零开始的用户试错和迭代的速度更快，也不受限制，他们更愿意与帆书一起成长，一起寻找一套适合自己的方法论。这与传统代理商只想拿大单子、赚大钱不同，因为只有共同成长、一起努力，双方才能建立更紧密的情感连接。

因此，帆书曾对自己的超级伙伴、"同路人"提出以下要求：第一，不是冲着赚快钱、赚大钱来的，而是因为热爱而来的；第二，在不同的阶段，渠道商需要扮演不同的角色；第三，帆书会给渠道商极大的权限和自由，以期和伙伴们共建开放的生态。

大道至简。当帆书进入从 n 到 $n+1$ 的阶段后，樊登更加意识到比起拼资源，最应该做的是做好产品，服务好每一位会员。只有对会员的服务到位了，让会员满意了，才能形成区域性的品牌影响力。

在后疫情时代，帆书的很多会员所在的行业都受到了冲击。面对这样艰难的环境，帆书也和会员一起寻找应对困境的方法，帮助会员重振信心，找到适合自己的副业，甚至开创新的事业版图。

例如，帆书生态中出现了一个新的职业叫"翻转师"。经过帆书的培训和认证后，他们会以"翻转"的形式在线上或线下场景中，将樊登讲过的书籍或课程变成一场活动、一次培训，并通过活动建立社群、打造品牌、获取收益。此外，帆书中还有一个叫"知识主播"的职业。

这个职业是在直播和短视频兴起后逐渐孵化、发展起来的。与传统的主播不同，首先，他们是认可帆书这个品牌、与帆书有情感连接的生态内用户；其次，他们对于分享帆书这个品牌和相关内容的内驱力特别足。因此，这也成为帆书生态内一个发展势头很好的副业。

所有指数级增长的组织都有一个共同的特点，那就是拥有一个与其核心用户有强烈共鸣的远大目标。比如，小米的目标是"为发烧而生"，TED 的目标是"值得传播的思想"，奇点大学的目标是"为 10 亿人带来积极的影响"，而帆书的使命是"帮助 3 亿书友因阅读受益"。

樊登通过对每一本书的解读，将这种使命感和崇高的目标植入越来越多的人心中，让帆书裂变成一场品牌、渠道商、用户多方参与的共情与共谋。

今天，帆书再次起航。一同出发的你和我，必将收获更多实用新知，在各自的人生舞台上起舞。

第五章

共创思维

没人能只靠自己就想出创业最优解

参与感就是成就感，

成就感就是存在感，

存在感是每一个人作为社会性动物的基本心理需求。

海内存知己
天涯若比邻

情感，
是软肋，更是铠甲

我的朋友荣荣从小就是一个闪闪发光的女孩。她活泼开朗，热情似火。念书时，她就在各种学生组织中展现了出色的组织能力和社群运营能力；后来出国留学，她也在国际学生联合会里大放异彩，玩转当地华人社团和国际学生联盟。我们都说，荣荣到哪儿都是人群中的焦点。

可在 2014 年，在海外生完二胎回国的荣荣，面对国内飞速发展的互联网环境和家庭结构的变化，竟也陷入了短暂的迷茫：家庭、自我、事业，该如何平衡呢？

荣荣坚定了照顾好家庭的决心，因为这里是她爱与责任的寄托之地，也是滋养她的归属地；同时，她也想在家人之外，保持自我，保有自己的舞台，成为孩子们的榜样；至于事业，荣荣向来认为这与家庭、自我不冲突——她有信心，也有能力让事业开花结果。

只是，这果实结在哪里呢？

思来想去，荣荣终于做出了决定。那天，她在朋友圈发布了这样一句宣言：你把时间和爱投入在哪里，你的果实就会结在哪里。

荣荣把自己的时间和爱投入在了家里。家，就成了她事业版图的起点。

归国的荣荣定居在北京顺义的别墅区，这里居住着一群高净值、高学历的别墅女主人。荣荣想要做的，就是把她们凝聚到一个有价值的社群，开创有价值的事业。Himama 社群由此而生。

但面对这样一群有头脑、有见识、有认知的女性，做社群并非易事。稍有不慎，甚至会失去她们的好感和信任。

于是，荣荣先从最简单也最擅长的社群活动做起，例如合唱团、读书分享会和学区群，以及后续的一些团购活动和线下聚会。这些活动不仅给社群成员带来了显而易见的便利，还让大家在展示个性的同时，迅速熟络起来。

荣荣也在初期的社群活动中，完成了对成员们的探索和洞察。她发现，与亲子关系、家庭经营、育儿相关的话题和活动最能激发社群成员的积极性和主动性，因为不管任何背景的妈妈，对孩子的情感都是一致的。这种情感不仅能激发妈妈们的情绪，也能凝聚为社群的价值观和目标。在这里，所有业务都围绕着妈妈们感兴趣的问题展开，包括亲子、家庭、婚姻、教育和女性成长等。尤其是孩子的教育问题，是刚需中的刚需。

同理心是建立情感认同和共鸣的底层逻辑。

情感激发要从情绪入手，情感升维后便成为价值观。

因此，荣荣将社群业务聚焦到教育板块，通过线上分享、直播、团购课程等方式，分享孩子为什么要学习伦敦戏剧营的表演，什么时间参加美国大联盟的数学竞赛，什么时间学演讲，什么时间参加辩论赛，什么时间开始申请美国高中或国内高中……这些精心策划的主题如同及时雨一般击中了顺义妈妈、海淀妈妈的需求，戳中了妈妈们的痛点和痒点，也开辟了品牌后期流量最大的端口。

可以说，是妈妈们对孩子的情感将 Himama 社群的成员牢牢拴在了一起。Himama 社群从 1 个群发展到 6 个群、10 个群，再发展到 60 个群，离不开荣荣为 Himama 社群发掘的共同目标：一切为了孩子的快乐。这不仅能让妈妈们倾注对孩子的爱，也让妈妈们获得了强烈的使命感、责任感和价值感。

【 HOW 】

如何以情感为纽带，找到伙伴

首先，识别情感需求，构建共鸣内容。针对目标用户需求创作的内容才能击中用户的心。

当你想要和对方成为伙伴时，你需要深入理解他们的生活场景、痛点和愿望，创造出一些能够触及他们心灵的话题或内容。相似的经历、共同的爱好、契合的观点，甚至来自同一个地方、喜欢同一位明星，都能让你迅速贴近对方，让对方感受到理解与尊重，从而强化你们之间的情感纽带。

其次，设计一些有趣的环节，鼓励对方主动分享情感体验。

你可以在与对方接触的各个节点开动脑筋，有序引导他们在适宜的时间集中分享情感体验。例如，设计符合对方兴趣爱好、贴合对方需求和痛点的集体活动等。

最后，将情感升维成价值观。想要找到能够长期同行的伙伴，深化情感连接，从情感共鸣进阶到价值观认同是必要的步骤。

利用情感共鸣，在长期互动中形成共同的价值观，如共同的社会责任、生活态度等，能让你筛选、辨别、培养真正与你三观相近的伙伴，从而形成对彼此持久的情感依赖和忠诚。

参与，
不止于表面

　　荣荣和 Himama 社群的发展并没有停止。这个由北京顺义机场别墅区的国际学校家长和别墅区业主组成的妈妈团，最初只是一个 500 人的微信群，经过荣荣 6 年的运营与优化，最终成为一个有 3000 多名活跃成员的高价值社群。

　　怎么才能更紧密地连接社群成员，让大家因共同目标而成为密不可分的伙伴呢？为了解决这个问题，荣荣开启了自己事业计划的第二步——以共创共建打造社群参与感。

参与感就是成就感，成就感就是存在感，存在感是每一个人作为社会性动物的基本心理需求。

Himama 亲子庄园的项目雏形在荣荣脑海中灵光乍现。她要做一个由妈妈们共同建立、共同打造、共同体验的亲子庄园，做一个妈妈们能够放心遛娃、减少妈妈们决策成本的亲子庄园。这个庄园坐落在长城脚下，耗资 1500 万元，它从几近荒废的场地变成了今天有山、有水、有长城的亲子乐园，并且荣荣仅用 3 年时间就收回了全部投资成本。

荣荣是怎么做到的呢？

基于在 Himama 社群中长时间积累的信任，荣荣在亲子文旅赛道首创了通过共建召集股东的模式，并从 1000 多名妈妈中挑选出 106 名妈妈参与亲子庄园的共建。一个项目的成功无外乎 3 个决定条件：客户、资金和产品。而 Himama 亲子庄园的共建模式正好满足了以上 3 个条件，共建人不仅仅是财务上的投资人，更是项目启动阶段最忠诚的初代用户。

这种共建模式，极大激发了用户的参与感，让用户与 Himama 亲子庄园之间产生了紧密的利益和情感连接。因此，当亲子庄园建好后，他们愿意第一时间体验这里的服务，并通过自己的私域流量，如微博、微信朋友圈等把自己的感受拍下来、写下来，并传播出去。而这106名股东对亲子庄园的正面口碑通过各自的私域扩散到其他圈层，也最终让Himama亲子庄园实现了口碑"破圈"。股东们积极地转发和传播，让Himama亲子庄园在开业前两个月内客房就被预订一空，到了年底，股东们通过私域流量直接让Himama亲子庄园跳过了项目的冷启动阶段，真正地做到了"出道即巅峰"。

Himama亲子庄园的创新不止于此。它还是酒店行业中第一个收取门票的。这让很多同行不能理解，但却帮助Himama亲子庄园成功打造了创新型会员体系。

Himama亲子庄园以大人每人50元、孩子每人100元的标准收取门票。这样两大两小的家庭进园就需要支付300元的费用。相比之下，成为Himama亲子庄园的年卡会员仅需支付365元/年。因此，它的会员数量每年都在成倍增长。对于每一个妈妈来说，"仅限会员"这4个字满足了她们对安全感和归属感的需求，同时这也让Himama亲子庄园完成了拉新和私域转化两个动作，还在开业当年就获得了超过100万元的收入。

Himama亲子庄园产品设计的每一步都考虑到了妈

妈和孩子们的需求和体验。在别的亲子酒店都在购买红黄蓝滑梯、动力小火车、旋转木马时，荣荣主张在庄园内放置各种无动力游乐设备，从进门的吊桥到 40 米长的山体滑梯，从失重平衡圈到地下迷宫，这些设备形成了今天 Himama 亲子庄园标志性的阿基米德水系，天然的冷泉可以在完全不产生能耗的情况下流入庄园。在各个环节设置压水井、水车、阀门，孩子们可以通过用脚踩、用手转来调整水流的速度和方向，玩得不亦乐乎，玩累了，晚上回到房间，倒头就睡，妈妈们都不用费心哄睡。

极致逻辑一直是 Himama 亲子庄园的设计理念之一。庄园里的每一个房间都是让用户惊呼的存在。面向长城的 36 间客房都有可以推开的窗户和不同的亲子主题，足以满足两大两小的家庭同时入住。庄园里还配有玻璃栈道和滑梯、收藏 8000 多册非虚构类图书的图书馆，让孩子们玩了还想玩、看了还想看、来了还想来。图书馆中会开展各种亲子团体活动，满足孩子们的各种需求。此外，Himama 亲子庄园率先把"服务地图"的理念引入亲子文旅实际运营中，从客户预订到离店的整个体验过程被分为 12 个节点，全方位提升服务质量。从客户入住前一天的天气及交通情况的温馨提示，到客户进店后服务人员

运赢

WIN FIRST

DeepSeek 赋能快速打造个人 IP

为上

DeepSeek 赋能
快速打造个人 IP

Contents | 目录

01 认知篇 | 不做苦力活
用AI重构个人IP游戏规则

02 实战篇 | AI赋能
四步让你的个人IP成长效率翻倍

不做苦力活

用 AI 重构个人 IP 游戏规则

为什么99%的创作者正在被时代淘汰？

当你盯着空白文档写了删、删了写，精心打磨一篇公众号长文开头时，已经有人用AI工具三天产出一季播客内容；当你按照过去的经验、耗费3个月做出一期知识付费的课程，却只卖出27份时，新人主播花了3天用DeepSeek做的、教人用DeepSeek的课程已经在私域迅速卖爆；当你认真摆拍、修图、编辑的小红书笔记只收获了3个点赞时，你刷到了别人用AI批量生产的笔记成功起号。

这就是当下个人IP赛道的生存实录。当传统的内容创作逻辑撞上信息爆炸时代，一个残酷的真相正在显现：个人IP的竞争，本质上是"人脑算力"与"系统算法"的战争。这不是危言耸听：专业机构用AI测爆款时，你还在苦苦凭直觉选题；别人用AI半天生产20条跨平台内容，你手动修改一条视频字幕花了2小时；AI系统在内容生产时就做好了预警风险监测，而你小心翼翼打造和维护人设还是不知道为什么被限流了。

更致命的是，传统IP打造模式正在遭遇三重绞杀。

· 人设崩塌危机：手工维护的形象标签，在用户全天候审视下漏洞百出；

· 产能天花板：人类大脑日均有效创作时间不足3小时；

· 数据浪费：90%的创作者看不懂平台数据，不会根据粉丝行为提炼出升级迭代的有用信息。

在今天，个人 IP 打造的成果不只看你努力与否，更要看你有没有使用 AI 工具的意识和行动。因为个人 IP 的游戏规则已经彻底被改写。

DeepSeek 的出现为每一个普通人提供了逆袭的机会，人人都有机会打造自己的个人 IP：58 岁退休教师可以用 AI 将教学笔记变成爆款课程；外卖小哥能够靠语义分析把送餐观察写成职场生存指南；社恐患者能够借虚拟形象开启万人直播——DeepSeek 正在重新定义"专业"与"权威"。

你可以没有团队，DeepSeek+ 你能够创造多人内容小组的产能；你可以没有资源，DeepSeek 能够把你的日常总结梳理为知识模型和方法论；你不怕没灵感，DeepSeek 会给你自动生成数百个已经被验证的选题和高转化的内容结构；你也不怕没时间，有了 DeepSeek 助力，过去 3 小时才能完成的工作能够被压缩到 20 分钟。

所以，不要犹豫了，从现在开始，打造一套属于你的、个人 IP 打造的人际协作系统：

· 你的真实经历 ×DeepSeek 的数据透视 = 不可复制的专业壁垒

· 你的独特观点 ×DeepSeek 的爆款算法 = 自带传播基因的内容

· 你的微小优势 ×DeepSeek 的裂变系统 = 碾压式的成长速度

记住，当 DeepSeek 已经把个人 IP 打造的难度和成本降到最低时，你还站在原地就是最大的风险。

1.1 为什么你的人设总翻车？——拒绝"自嗨式输出"

大家都知道，打造个人 IP 的第一步，是要找准自己的人设。但在这个过程中，却常常出现各种问题，天崩开局。

你熬夜打磨的"自律女神"人设，因为一条深夜吃泡面的动态被粉丝吐槽"假"；你立的"专业职场导师"标签，因回答粉丝提问时漏洞百出被挂上"翻车合集"。更扎心的是，你越努力维护人设，用户越觉得你在"演"。

你知道问题出在哪儿吗？在于你的 IP 打造思路是典型的"自嗨式输出"——你花 80% 的时间研究如何展示完美形象，却忽略了用户真正需要的是真实且有价值的共鸣。用户要的不是你的完美人设，而是解决他们真实问题的具体方法。

下面，我就来告诉你用 DeepSeek 构建"真实影响力"的三步法。

第一步：挖掘用户的真实需求。

别再猜，用数据说话。

你以为粉丝爱看"干货"，实际他们想要的是"避坑指南"；你以为"精致生活"能吸粉，结果用户更关注"普通人的逆袭经验"。你是不是常常在生产内容时陷入自以为是的"想当然"中。其实，DeepSeek 能很好地为你解决问题，用大数据为你挖掘到用户的真实需求。

你只需要向 DeepSeek 提出合适的问题。假如你想做一个职场赛道的个人 IP，你可以先让 DeepSeek "分析小红书职场赛道的高频用户需求"，它会自动扫描平台内千条高赞评论，提炼出"职场冷暴力""涨薪话术"等隐性痛点，而不是你认为有用的选题；找到痛点后，你再让 DeepSeek "扫描近两周职场相关的内容中，用户抱怨最多的三类问题"，定位出用户焦虑；最后，你可以站在用户的角度，用"反向提问法"做出能够精准戳中目标用户痛点的内容。你可以对 DeepSeek 说："假设我是一名 25 岁的职场社恐新人，参加同事聚餐该聊什么？"答案可能让你发现"社交急救话术"这类爆款选题。

记住，粉丝不会直接告诉你"我要什么"，但点赞、吐槽、收藏的数据不会说谎。用 DeepSeek 当你的"需求翻译官"，把"我觉得"变成"数据证明你需要"，人设自然稳如泰山。

第二步：人设动态校准。

好事不出门，坏事传千里。

无论哪个时代，个人 IP 的口碑都极为重要。因为一条负面评价可能就会让你迅速塌房，引发连锁崩塌。让 DeepSeek 收集整理各种风险关键词，再让它对你的内容进行扫描修正，它能迅速为你生成补救和解决的方案。

举个例子，美妆类博主很容易出现"夸大产品功效"的问题，当你用 DeepSeek 进行文案润色后，把话术从"绝对有效"改为"90% 用户反馈有效"，把文案标题调整为"亲测 28 天效果"，就会给用户真诚靠谱的感觉。

差评不是危机，而是优化人设的机会。用 DeepSeek 预先过一遍内容，比事后补救更省力。

第三步：提取复制你的语言 DNA。

你是不是也遇到过这种情况？DeepSeek 生成的内容虽好，但千篇一律，毫无人味。问题就在于你没教会 DeepSeek "像你一样说话"。

其实，训练出符合你人设的 DeepSeek 并不难。你只需要将你点赞最高的 10 篇笔记扔给 DeepSeek，让它学习你的语言习惯，它就能提取你的语言 DNA，生成"克隆文案"。此后，你就能一次生成多条文案，对关键点进行手动润色，保留"人味"，去除"AI 感"，避免过度机械化。当然，你需要保持一定的训练材料更新频率，让 DeepSeek 和你的人设一起成长进化。

做个人 IP，人设不崩很关键。人设的本质不是"装"，而是用数据找到真实自我与用户需求的交集。DeepSeek 可以帮助你从"猜需求"到"挖需求"，用数据透视用户没说出口的痛点；从"手忙脚乱"到"精准防御"，实时监测口碑，提前堵住人设漏洞；从"机械输出"到"人格复制"，让 DeepSeek 成为你的内容分身，提高你的内容生产效率。

当你的内容既有数据支撑，又保留真实个性时，用户不会再质疑"真假"，只会感叹："这博主，懂我！"

1.2　别人 3 个月起号你 3 年？——用 DeepSeek 把 IP 孵化周期砍半

为什么你吭哧吭哧日更 3 个月，粉丝还没有破 1000；而有的人却能 7 天起号，30 天变现？答案显而易见：有人利用 AI 工具提高了内容生产的效率。这就相当于有人开火箭，有人蹬自行车。那怎么在个人 IP 孵化的过程中，用好 DeepSeek，提升效率呢？有四个简单高效的方法，能帮你轻松把 IP 孵化周期大幅缩短。

第一，用 DeepSeek 批量生成选题。

以前找选题，就像大海捞针，翻遍热点榜单，最后选的可能还是没人看的冷门话题。现在，DeepSeek 可以帮你轻松解决这个问题。你只需要告诉它你的领域（比如健身、职场、母婴等），它就会自动扫描全网，找出最近大家最关心的话题，并根据热度、竞争度和变现潜力进行分类推荐。

比如，健身博主可能会发现"居家练臀"这个话题最近特别火，但相关的内容还不多，而且可以结合瑜伽垫广告进行变现。这就是一个黄金选题！DeepSeek 就像你的"选题雷达"，帮你从海量信息中快速锁定最有价值的方向，彻底告别"选题荒"。

第二，用 DeepSeek 做跨平台裂变。

把一个主题用在一个平台、以一种形式展现，简直就是浪费。对于个人 IP 而言，覆盖多个平台的内容分发能够让你获得更多的曝光机会。以前，你可能需要把一篇长文改写成小红书图文、抖音短视频、公众号文章等不同形式，改到头秃。现在，DeepSeek 可以帮你一键搞定。

你只需要上传一篇核心内容，DeepSeek 就会根据你的指令生成适合小红书、短视频平台、公众号等的不同版本。它还会根据不同平台的特点，自动优化标题和开头。比如，在抖音视频开头加"惊呆了！"，在小红书笔记标题里用"亲测有效"，在公众号文章开头放个提问引发共鸣。这样一来，你不仅省去了重复劳动，还能确保每个平台的内容都符合用户的阅读习惯。

第三，用 DeepSeek 优化调整内容。

发了视频没人看？文章阅读量低？以前你只能靠猜："可能是标题不够吸引人""可能是内容太枯燥"。现在，DeepSeek 可以帮你精准定位问题。

比如，某知识博主发现视频前 5 秒干货过密，观众流失严重。按照 DeepSeek 的建议，他改成了"提问式开场"，播放量立刻从 3000 飙升到 10 万 +。DeepSeek 就像你的"内容体检仪"，帮你实时优化，确保每条内容都能吸引观众。

第四，用 DeepSeek 辅助私域运营方案。

很多个人 IP 在运营过程中，都会面临私域承接的问题。要么粉丝黏性太差，要么内容被吐槽太商业化。其实，你可以用 DeepSeek 来帮你更精细化地运营目标粉丝。

当你告诉 DeepSeek 你的目标用户画像和同类账号的粉丝特点（比如年龄、兴趣、活跃时间等）后，它会告诉你最佳发布时间、吸引用户的话术、引导关注的技巧等。这样一来，你不仅能快速吸引精准用户，还能避免无效推广，让每一分努力都用在刀刃上。

做 IP 不是拼体力，而是拼效率。充分使用 DeepSeek，你可以：

科学选题，不靠运气；

一键分发，拒绝重复劳动；

收集反馈，精准优化；

快速吸粉，少走弯路。

在今天的内容战场，会用工具的人永远比只会蛮干的人快 10 倍！今天多了解一个工具，明天就少踩一个坑。学会用 DeepSeek 武装自己，轻松跑赢大多数还没使用工具的对手，先人一步。

1.3 深夜焦虑没灵感？——你的 24 小时 IP 顾问

说一个所有自媒体人的噩梦：明天就要更新了，但是一点灵感都没有。更糟糕的是，评论区里已经有粉丝说你内容同质化、没新意、无聊……灵感枯竭、时间紧迫、压力巨大，这是每个个人 IP 在内容创作过程中都会遇到的困境。但别担心，DeepSeek 可以成为你的 24 小时 IP 顾问，帮你轻松应对这些挑战。

首先，它是你的无限选题库。

DeepSeek 可以帮你自动抓取全网最热门、最有潜力的选题，并为你提供高潜力选题和参考框架。

比如，临近七夕，它可能会推荐你结合"孤独经济"做一期反差内容，既蹭上热点，又能引发讨论。这样一来，你不再需要"榨干自己"想选题，而是"榨干数据"，轻松找到灵感。

其次，它是你的模板急救包。

当你遇到创作瓶颈时，DeepSeek 可以帮你快速生成内容框架。你只需要选择内容类型（比如教程、避坑、情感等），它就会根据你的需求自动生成开头悬念、中间逻辑链和结尾金句模板。你只需填入自己的案例，一篇爆款内容的雏形就完成了。

举个例子，穿搭博主使用"反差模板"生成了标题：《月薪 3 千穿出 3 万质感？打工人必学的 5 个心机技巧》，结果点赞破万。

最后，它能把你的评论区变成灵感收集器。

粉丝的评论是一座金矿。DeepSeek 可以帮你分析评论区，自动归类"吐槽""提问""共鸣"等标签，并生成回应话术和衍生选题。

有一个育儿博主根据一条"博主肯定没带过孩子"的评论，反向创作了《职场妈妈如何用 AI 规划育儿时间》，引发了大量共鸣。你看，DeepSeek 能帮你把粉丝的"抬杠"变成新的创作灵感，真正做到从用户反馈中挖掘价值。

灵感枯竭的本质是信息过载，而聪明的个人 IP 孵化者已经把 DeepSeek 变成了自己的"外接大脑"，帮助自己从海量信息中筛选出最有价值的内容，提供创作框架，甚至从粉丝评论中挖掘新灵感。与其熬夜硬扛，不如让 DeepSeek 帮你把碎片信息重组为优质内容。

好好用这个 24 小时 IP 顾问吧，它能帮你轻松应对创作焦虑，持续产出爆款内容。灵感不再枯竭，创作不再困难，IP 孵化效率自然大幅提升！

1.4　不知道选什么赛道？——最适合 AI 赋能的 6 大高潜力赛道

"美妆卷不动，穿搭红海了，知识付费没人看……"——这是很多人在打造个人 IP 时的心声。选错赛道，再努力也可能只是炮灰。而那些闷声发财的人，早就用 DeepSeek 找到了属于自己的蓝海密码。现在，我们就来聊聊如何使用 DeepSeek，找到最适合你的高潜力赛道，让你事半功倍。

很多人在选择赛道时，往往凭直觉或跟风，结果发现自己挤进了一个竞争激烈的红海市场。要知道，选错赛道，再努力也是徒劳。

比如，美妆赛道看似热门，但其实已经存在大量专业博主，新手很难脱颖而出；知识付费领域虽然需求大，但用户对内容的要求也越来越高，稍有不慎就会被贴上"水货"的标签。

选错赛道的后果是，你投入了大量时间和精力，却只能换来寥寥无几的粉丝和变现机会。而那些成功的人，往往是因为找到了一个竞争小、需求大、变现路径清晰的赛道。DeepSeek 可以帮助你从海量数据中筛选出这样的赛道，它会提供一种类似赛马的机制，用数据锁定红利赛道，让你从一开始就站在正确的起跑线上。

DeepSeek 的核心优势在于它能快速分析大量数据，帮你找到那些被忽视的机会。那么，从 AI 的角度筛选赛道，哪些赛道是值得一试的呢？它筛选赛道的原则是什么呢？

1.41　低内容密度高情感价值

有些赛道的内容不需要太复杂，但需要能引发强烈的情感共鸣。比如情感成长、解压治愈类内容，用户更关注的是情感上的满足，而不是信息的深度。这类内容容易引发互动，也更容易传播。

1.4.2　高标准化可批量生产

一些赛道的内容具有高度标准化特征，比如书单推荐、模板干货等。这类内容可以通过 DeepSeek 快速生成，节省大量时间和精力。

1.4.3　强数据反馈易迭代

有些赛道的内容可以通过数据反馈快速优化。比如美妆测评、职场技能类内容，用户的点赞、评论、完播率等数据可以帮你快速调整内容方向。

1.44　跨平台适配性强

一些内容形式可以轻松适配多个平台。比如短剧解说、泛知识科普类内容，既可以在抖音上以短视频形式呈现，也可以在 B 站上做长视频，甚至在小红书上发布图文版本。

1.4.5　有隐藏需求未被满足

有些赛道的需求尚未被充分挖掘。比如"社恐社交""老年兴趣"等领域，虽然看似小众，但潜在用户群体庞大，竞争也相对较小。

1.4.6 变现路径清晰

选择一个变现路径清晰的赛道至关重要。比如课程、咨询、带货等领域，用户付费意愿强，变现模式成熟。

你看看，你选择赛道的根据又是什么呢？

DeepSeek 提供了赛道诊断功能。你只需要输入自己的兴趣或技能关键词，比如"健身""职场""育儿"等，DeepSeek 就会自动分析全网的相关数据，包括竞争度、增长趋势、用户需求、变现案例等，最终生成一份专属赛道报告。

当然，在利用 DeepSeek 选赛道的过程中，你需要注意以下三点：第一，多维度输入关键词，让你的 IP 人设更立体，以便 DeepSeek 推荐更精准的赛道；第二，定期复盘，及时调整方向，因为市场趋势是动态变化的，所以你的 IP 人设也应该依时而动；第三，结合自身优势，打造差异化内容，DeepSeek 可以帮你找到赛道，但最终的内容创作还是要结合自身优势。

AI 赋能

四步让你的个人 IP 成长效率翻倍

2.1 找不到定位？——三维分析法快速打造差异化标签

第一步：收集真正合用户胃口的"食材"。

在当今信息爆炸的时代，用户的声音散落在各个角落。社交媒体平台是收集用户反馈的绝佳起点，无论是微博、抖音还是小红书，用户在这里分享使用产品或服务后的直观感受，从点赞、评论到转发，每一条都蕴含着宝贵信息。评论区更是用户情绪的集中爆发地，无论是电商平台的商品评价，还是视频网站的弹幕，用户毫不掩饰地表达着满意或不满，这些直接的反馈能让我们迅速捕捉到用户最真实的想法。

第二步：揭开用户需求的"庐山真面目"。

收集到海量的用户反馈后，如何从杂乱无章的文本中提取有价值的信息呢？这就需要借助 DeepSeek 了。通过语义分析技术，DeepSeek 能够快速扫描文本内容，精准提取关键词——在用户对一款运动鞋的评价中，"轻便""透气""耐磨"等词汇频繁出现，这些关键词就直接反映了用户对运动鞋的核心关注点。DeepSeek 还能分析情感倾向，判断用户是满意、中立还是不满。如果多数用户提到"舒适度差"，那么这显然是一个需要重点关注的负面反馈。更重要的是，DeepSeek 能够识别用户表达需求时的隐含意图，如同火眼金睛一般，帮你揭开这"真面目"。

第三步：抓住用户定位的"最终撒手锏"。

经过前两步的分析，我们已经得到了一份包含用户需求的清单。但这还不够，我们需要对这些需求进行细致的整理和排序。按照需求的紧迫性和普遍性进行分类，那些既紧急又普遍的问题，如"快递物流信息更新不及时""外卖配送时间过长"等，应该被优先解决。而对于一些小众但同样重要的需求，我们也不能忽视，它们可能是特定用户群体的核心痛点。对于宠物主人来说，"宠物友好型酒店稀缺"就是一个小众却迫切的需求。整理好需求清单后，结合自身的优势来确定个人IP的定位就显得尤为关键。如果你擅长数据分析，那么可以定位为帮助用户优化数据管理的专家；如果你精通美食烹饪，就可以打造一个专注于分享健康美食的个人品牌。无论哪种定位，都要确保能够精准解决用户的核心痛点。

举个例子，在职场领域，竞争异常激烈。许多职场博主都在努力争夺有限的流量和关注。然而，有一位职场博主通过DeepSeek赋能的竞品词频分析，在短短30天内成功杀出红海市场，成为该领域的佼佼者。这位博主首先收集了行业内其他知名博主的文章和视频内容，然后使用DeepSeek对这些内容进行词频分析。通过分析，他注意到一些关键词虽然出现频率不高，但与用户的真实需求密切相关。

于是，他决定将自己的内容定位在这些"被忽视"的需求上。他发现许多职场新人对"如何在复杂的人际关系中保持自我"这一话题非常关注，但市场上相关内容却相对较少。于是，他围绕这一主题创作了一系列深度文章和视频，迅速吸引了大量职场新人的关注。

2.2 爆款生产苦手？——从选题到发布的全自动流水线

第一步：风格克隆妙招，让 DeepSeek 完美复刻你的语言 DNA。

通过风格克隆术，DeepSeek 能够完美复刻你的语言 DNA，让你的爆款生产变得更加轻松高效。你可以通过提供一些自己过往的优质内容，让 DeepSeek 对你的语言风格、表达习惯和情感倾向进行分析和学习。经过训练后，DeepSeek 能够生成与你风格高度一致的内容，甚至可以达到"以假乱真"的效果。

第二步：平台通吃秘籍，1 个核心选题一键生成 20 种形式。

在多平台运营的今天，内容的形式和渠道变得越来越多样化。一个好的选题往往需要在不同的平台上以不同的形式呈现，以满足不同用户的需求。DeepSeek 可以帮助你实现这一目标。以"如何在职场中快速晋升"这一选题为例，你可以使用 DeepSeek 将这个选题生成多种形式的内容，包括但不限于一篇深度解读职场晋升的策略和技巧的文章、一个讲职场晋升的动画视频。

当然，你还可以借助 DeepSeek 制作一系列关于职场晋升的漫画或信息图表，方便用户快速获取信息；进行一场关于职场晋升的直播讲座，与用户实时互动；在问答平台上发布关于职场晋升的常见问题和答案，吸引用户参与讨论。通过这种方式，你可以将一个核心选题扩展为多种形式的内容，覆盖不同的平台和用户群体，大大提高了内容的传播范围和影响力。

第三步：敏感词动态检测系统实时避坑。

AI敏感词动态检测系统可以实时分析你的内容，识别其中可能存在的敏感词汇，并及时提醒你进行修改。通过这种方式，你可以确保内容的安全性和合规性，避免因敏感词问题而导致的流量损失。

2.3　看不懂数据？——把粉丝行为变成你的升级外挂

2.3.1　流量透视镜：自动生成内容优化热力图

DeepSeek能够自动生成内容优化热力图，让你直观地了解粉丝的行为和偏好。如果某个段落的停留时间较短，可能意味着这部分内容不够吸引人；如果某个部分的互动率较高，说明这部分内容能够引发用户的兴趣和讨论。

接下来，你就可以根据诊断结果，制定内容优化方案。可以从内容结构、语言表达、视觉效果等方面入手，提升内容的吸引力和互动性。在实施优化后，继续收集数据，评估优化效果。

2.3.2　评论区情绪采矿术：把杠精留言变为选题金矿

评论区是粉丝与创作者互动的重要场所，也是获取用户反馈和挖掘选题的重要来源。然而，许多人在面对评论区的杠精留言时，常常感到无奈甚至沮丧。实际上，这些杠精留言可以成为你的选题金矿。以美食博主为例，DeepSeek 可以帮助博主从海量的评论中快速筛选出有价值的信息，挖掘出有吸引力的选题。

一些用户可能对某种食材的营养价值表示赞赏，认为它富含维生素和矿物质，对健康有益；而另一些用户可能持怀疑态度，认为这种食材的营养价值被夸大了，甚至可能对其安全性提出怀疑。通过分析这些评论，DeepSeek 能够精准地识别出其中的争议点，即这种食材的营养价值到底如何。

博主可以将这个争议点作为新的选题，制作一篇深度文章或视频，详细解读这种食材的营养成分，引用权威的科学研究报告，解释不同营养成分对人体健康的作用。博主还可以介绍这种食材的正确使用方法，包括烹饪技巧、搭配建议等，帮助用户更好地利用这种食材。

通过这种方式，博主不仅能够回应用户在评论区的疑问，满足他们对知识的需求，还能将原本可能引发争议的杠精留言转化为有价值的选题。

手把手教你

用 DeepSeek 把钱赚了

3.1 不会报价总被压价？——智能估值模型秒算 IP 真实身价

报价，是个人 IP 从"用爱发电"到"真金白银"的第一道生死线。你熬夜写脚本、修图剪视频，结果品牌方一句"预算有限"就把价格砍到脚踝；或者你战战兢兢报高价，对方直接消失——这种"报价焦虑"，本质是因为你手里没有数据武器。

别慌，DeepSeek 可以为你的 IP 提供智能估值模型，让你穿透粉丝量、互动率这些表面数字，直接算出你的真实身价，做到心里有数，有理有据地让品牌方压价时无从下手，甚至主动加码。

你以为 10 万粉丝的账号报价就该是 5 万？大错特错！一个宝妈博主的 10 万精准母婴粉，和一个泛娱乐账号的 10 万"僵尸粉"，商业价值能差 10 倍。用 DeepSeek 测身价，只需三步。

第一步：了解粉丝的消费能力。

利用平台的后台数据，让 DeepSeek 为你分析粉丝人群画像，了解粉丝中月消费 5000 元以上的占比多少；他们最近 30 天搜过哪些关键词、关注哪些热点；在关注你之后，他们的购物车添加率提升了多少……

举个真实案例。某穿搭博主自认为粉丝消费力一般，结果通过数据分析后发现，她的粉丝中 23% 最近买过单价超 2000

元的轻奢单品，直接触发"高净值人群"标签，她的报价从8000元/条涨到2万。

第二步：给你的内容贴上"价签"。

你以为爆款内容就是点赞高、浏览量高的？不不不，很多个人IP看似热闹，但带货能力很差，而品牌方真正关心的正是你的内容能不能带货、能不能为品牌带来实际价值。

想要更清晰地了解你的"身价"，你可以用DeepSeek做这两件事。

第一件事，横向PK行业标杆：把你的爆款和同领域TOP10的账号对比，从选题稀缺性、产品植入自然度、转化话术设计等12个维度打分。比如你的美妆教程比90%的博主更擅长"低成本平替"，系统会标记为"差异化优势"，报价直接上浮30%。

第二件事，追踪你的带货数据：分析你过往的带货数据，算出粉丝的"终身价值"。比如护肤博主小A的粉丝，平均每人每年在她推荐的产品上消费1800元，这条数据就会成为她谈判时的"核武器"。

第三步：套用"身价公式"一键生成底价。

现在，很多人在报价的时候，往往是参照同类型的博主估摸着来。但实际上，这种估算的误差极大。别再一拍脑门算报价了！DeepSeek的算法会结合粉丝人均消费、内容稀缺性、行业溢价系数，直接甩出你的"年收入公式"：

年收入 =（粉丝人均消费 × 内容稀缺性分数）× 行业系数

举个例子：

· 粉丝人均消费：120 元（通过消费数据算出）

· 内容稀缺性：85 分（系统对比得出）

· 美妆行业系数：1.8（平台流量红利期加成）

那么，你的年收入底价 = 120 × 85 × 1.8 = 24.84 万元。这意味着，你的单条合作报价低于 2070 元（24.84 万 ÷ 12 个月 ÷ 10 条 / 月）的话，就是在贱卖自己！

不过，可能你会说，在和品牌方议价的过程中，品牌方最擅长用"别人比你便宜""我们预算有限"来 PUA 博主。现在，有了 DeepSeek，轮到你来降维打击了。

当遇到压价的情况时，你可以用 DeepSeek 生成你的动态浮动报价系统。比如，粉丝周增长率超过 5%、爆款率连续 3 周达30%，都可以成为你议价的依据，因为这些数据能证明你的内容是优质的、稀缺的。而你只需要定期来更新和复盘你的报价系统就行了，品牌需要的正是这种上升期博主！

当你想要提身价时，也可以让 DeepSeek 针对你的优势生成专属话术。比如，你可以告诉品牌方，"我的粉丝复购率是美妆区平均值的 2.3 倍，这是上周的私域复购数据截图"，然后附上 DeepSeek 分析报告；或者针对内容，说"这条内容我会用'AI 爆款开头模板'+'高转化悬念钩子'，预计播放量比常规内容高 40%"。这会大大提高你议价的底气。

其实，很多个人 IP 在报价的过程中都会踩坑，并带来恶性连锁反应。因此，你千万要注意，不要犯这些常见的错误：第一，不要用粉丝量一刀切报价。因为5万垂直粉的价值可能超过50万泛粉，你可以用DeepSeek计算自己的"粉丝净值"，挖掘真实含金量。第二，不要以为一次报价可以一劳永逸，要设置"内容生命周期溢价"，格外优质且长尾效应明显的内容，可以适当提高报价。第三，不要被品牌"独家合作"套路，你可以用DeepSeek评估独家合作导致的潜在客户和合作方损失，看看合作是否"划得来"。

3.2　不懂变现流程？——从大纲到营销的AI全托管方案

很多人都有一个误区，认为变现就是接广告、挂链接、直播带货。大错特错！90%的博主之所以无法成长为个人IP，而栽在"无脑接单—数据扑街—被品牌拉黑"的死循环里，就是因为没有搞懂长期变现的逻辑。真正的变现，是从"品牌需求拆解"到"内容精准触达"再到"效果暴力复盘"的系统工程。

而DeepSeek可以为你做的，是让你从"乙方打工人"变成"甩手掌柜"——品牌提需求，DeepSeek写脚本；你喝咖啡，DeepSeek跑数据；品牌催报告，DeepSeek交作业。下面，为大家提供一条隐藏在变现流程各个阶段的、隐形的最大化变现路径，让你少走弯路，不错过每一个变现的节点。

第一阶段：用AI解剖品牌Brief，挖出隐藏金矿

你有没有遇到过这样的问题：品牌方扔来的Brief（框架）像"谜语"，读不懂，抓不住重点，沟通的效率又低，费时又费力。有的品牌方会说，"希望突出产品天然成分，吸引精致

妈妈群体""要年轻化，但别太浮夸""要高级，要大气，但又要有亲切感"……面对这样"五彩斑斓的黑"似的需求，靠人脑解读只能全靠猜。但别慌，用 DeepSeek 解剖 Brief，两步就能挖出隐藏金矿。

第一步：让 DeepSeek 当"需求翻译官"。

举个例子，当你收到一个国货面膜的 Brief，直接把品牌文档扔给 DeepSeek，附加指令："解析 XX 面膜 Brief 核心需求，列出 3 个未被明说的痛点。" 输出结果秒变"读心术"：

痛点 1：用户对"天然成分"有信任危机，急需权威检测报告背书；

痛点 2：精致妈妈日均碎片时间每段不足 5 分钟，内容必须 3 秒抓眼球；

痛点 3：小红书战场已被竞品贴上"成分党"标签，需另辟蹊径打差异牌。

第二步：生成反套路内容炸弹。

还是国货面膜。你可以向 DeepSeek 输入指令："针对上述痛点，设计反焦虑内容结构，重点突出它的独家成分 XX 酵素。"DeepSeek 直接甩出爆款模板：

开篇暴击："大牌面膜 90% 的'天然成分'只是概念添加？（附第三方检测对比图）"；

中段杀器：用 AI 生成动态数据图，展示 XX 酵素渗透速度碾压普通玻尿酸；

转化钩子：暗号"精致妈妈"立减 100 元，前 100 名加赠婴儿润肤霜（成本可控却让用户感觉血赚）。

在小红书上，有个育儿博主用这招拆解奶粉 Brief，发现品牌真实焦虑是"化解老人带娃的配方争议"，立刻产出"婆婆都说好的奶粉选购指南"，内容里植入"老人看不懂成分表？认准这 3 个数字就行"的傻瓜攻略，带货转化率飙升 65%。你看，当别人还在猜 Brief 时，DeepSeek 早已用数据透视品牌潜台词，把模糊需求变成精准的内容弹药库。

第二阶段：跨平台内容裂变，1 条内容榨出 10 倍价值

还在把爆款内容当"一次性耗材"用？当你吭哧吭哧打磨3 小时的深度长文，发完公众号就丢进素材库吃灰时，同行早就用 DeepSeek 把 1 条内容榨出 10 倍流量，横扫全平台用户心智。其实，越是优质的内容，越值得反复用、变着花样儿用。有了 DeepSeek，内容裂变也更容易了。

第一步：素材智能拆解。

将经过验证的优质文章或视频脚本"喂"给 DeepSeek，再提出你的需求，告诉它你的目标平台是什么，是小红书、抖音、B 站、知乎还是私域社群等，命令它自动识别并罗列出内容中的"爆款基因"，比如，数据干货可以让你制作可视化素材；情绪爆点可以让你抓取各种冲突性片段和痛点；知识要点能够让你提炼可复用的方法论。

第二步：针对不同平台生产内容。

DeepSeek 可以按不同平台的算法偏好，将内容定制为符合平台特质的"流量狙击弹"。比如，在小红书，可以生成"骂醒乱买党！成分表排第 5 位 = 智商税"的标题和九宫格对比图，植入"发送暗号「精致妈妈」解锁隐藏优惠"的钩子；在抖音短视频平台，可以用 AI 剪辑前 3 秒高能冲突——妈妈怒摔面膜罐："宣称天然却含防腐剂？差点害我烂脸！"，结尾贴"点击左下角查你家护肤品成分"；在知乎这样的知识型平台，可以自动扩充实验数据，生成"XX 酵素渗透性吊打玻尿酸？中科院博士亲测"专业背书内容；而在私域社群中，可以设计宝妈社群的"痛点接龙游戏"："娃红屁屁的扣 1，用错成分的扣 2"，同步推送"拼团倒计时 + 过敏险免费送"转化链路。

第三步：提前设置风险预判防火墙。

不同平台有不同平台的"潜规则词典"，在你发布内容前，记得提前扫雷。例如，抖音禁用"100% 安全"，就自动替换为"通过 90% 国际机构检测"； 小红书限流营销号，就把"买买买"改成"自用空瓶 3 罐才敢说"；知乎反感硬广，就给专业术语加文献引用角标，变成学术论文范儿；私域防折叠，就把"加微信"变成"戳服务窗领《成分避坑手册》"。

别再当内容生产的"农民工"，要做流量操盘的"军火商"。当别人还在手动搬运内容时，你可以用 DeepSeek 建你的军工厂，实现"一发炮弹，十面轰炸"。

3.3 私域不会玩？——自动生产高转化朋友圈剧本的暴力打法

你以为私域就是拉个群、天天发广告？有的人朋友圈刷屏卖货、复制品牌文案、硬凹人设……结果粉丝屏蔽的屏蔽、取关的取关。其实朋友圈才是最该下功夫的地方——这里离钱最近，但被大多数人玩成了垃圾场。

其实，你只需要明确一个私域的核心，就是"信任变现"，而信任不是靠刷屏刷出来的。用 DeepSeek 生成"有温度、有钩子、能持续赚钱"的朋友圈内容，你甚至不用主动推销，粉丝就会追着你问"怎么买"。

比如你是个职场博主，每天可以这么发朋友圈：早上 7 点半发一张地铁上看书的照片，配文"带团队 3 年总结的 5 句万能沟通话术，评论区扣 1 直接领模板"。中午 12 点晒个轻食午餐，加一句"昨天直播送的《反 PUA 话术文档》被领爆了，点击蓝字自助领取，前 50 名送免费咨询资格"。晚上 8 点发个学员涨薪的截图，写一句"第 10 位学员谈下 40 万年薪！想用 AI 优化简历的私信'逆袭'"。这么发，既不硬广又能埋钩子，粉丝看了觉得你有用，而不是只想赚他钱。

具体的逻辑也不难：用内容筛选客户，用钩子触发行动，用数据持续优化。让我来告诉你怎么做。

第一，用 DeepSeek 生产"人味十足"的朋友圈内容。想让人不反感还愿意买单，内容必须满足三点：有用、有共鸣、有隐藏钩子。

（1）人设标签化：先告诉 DeepSeek 你的核心定位。比如"职场导师"，就围绕升职加薪、沟通技巧、时间管理展开；如果是"宝妈副业"，就重点发带娃日常、副业经验、时间管理。别贪多，一个账号只打 1~2 个标签，让粉丝一眼知道你能解决什么问题。

（2）内容结构化：按 6∶3∶1 的比例分配内容类型。比如每周发 42 条，其中 25 条干货（如"三句话让老板主动加薪"）、12 条生活（如陪娃写作业的抓狂瞬间）、5 条软广（藏在干货里）。

（3）钩子埋点化：每条内容必须埋一个"行动指令"。干货文末尾加"评论区扣 1 领模板"；生活动态里藏"暗号福利"（如"私信'逆袭'领资料"）；晒成果时带链接但不说"买"，而是"好多人在问，链接放这里了"。

这样，你就拥有了"内容－钩子－数据"闭环。上传 10 条高互动朋友圈让 DeepSeek 学习你的语言风格，再让它按"痛点＋解决方案＋行动指令"的公式批量生产内容。粉丝会觉得你在帮他，而不是赚他钱。

第二，把朋友圈变成"需求探测器"，挖出粉丝的痛点、痒点、消费点。

（1）提问式互动：用选择题"钓"出真实需求。比如发一条："你不敢提加薪是因为？ A. 怕被拒绝 B. 不会谈条件 C. 觉得自己不配"，选 A 送《话术模板》，选 B 送《薪资谈判指南》，选 C 送《自信心训练课》。粉丝选的不仅是答案，更是他的付费意愿等级。

（2）行为标记法：用 DeepSeek 给粉丝打标签。连续 3 天点击链接的标记为"强意向"，推高价产品；多次投票不下单的触发私信："看到你选了 3 次'不会写简历'，需要定制服务吗？"；甚至可以根据粉丝点击的链接类型，自动生成用户画像："25~30 岁女性，职场小白，焦虑升职"。

（3）反向定制产品：当某类问题被高频选择时，让 DeepSeek 直接生成产品建议。比如 142 人选了"社恐不敢社交"，立马设计《AI 模拟面试课》；89 人选了"熬夜加班"，快速上线《时间管理训练营》。

要记住，你要让粉丝自己告诉你他缺什么、怕什么、想要什么。你只需要把解决方案打包成产品，用朋友圈"不经意"推送。

第三，不推销也能成交的"静默成交术"——最高明的销售，是让客户觉得是他自己做了决定。

（1）时间轴对比法：用 30 天的持续内容让粉丝自我说服。比如某减肥博主是这样做的。

第 1 天："体重 150 斤打卡！这次用 AI 定制计划（附体测图）。"

第 15 天："平台期暴哭……教练加了 XX 蛋白粉（晒补剂图）。"

第 30 天："瘦了 12 斤！好多人在问链接，放这里了（课

程 + 补剂组合）。"

粉丝一路围观，最后一天根本忍不住不点链接。

（2）损失厌恶法：用倒计时和限量制造紧迫感。比如："8月1日起年度会员涨价300元！老会员推荐1人各返50元，再抽3人送1v1诊断"或者"暗号福利还剩27个名额"。

（3）信任堆砌法：用第三方证据代替自卖自夸。比如：

学员工资条对比图（打码）+ 文案"从月薪5k到15k，她只改了一个习惯"。

HR推荐语截图 + 文案"被大佬认证的面试话术"。

课程后台数据："完课率92%，学员催我开进阶班的第7天"。

其实，人只相信自己的眼睛。让粉丝看到"别人用了有效"，比你说一万句管用。

必须强调的是，千万别把朋友圈当广告屏。按6:3:1的比例发内容：60%干货，比如职场技巧、育儿知识；30%生活碎片，比如带娃日常、健身打卡；10%软广，而且要把广告藏在干货里。每周发40条的话，24条干货、12条生活、4条广告，粉丝看了不嫌烦，反而觉得你真实。

最后，别忘了一直不互动的人。3个月没互动的粉丝不是死了，只是忘了你。用DeepSeek为沉默的粉丝设置一些"特别"的内容，比如给他发个"专治僵尸粉！抽10人送资料"；领了三次资料但没下单的，私信提醒一句："看你领了资料没用，需要手把手教吗？"这些沉默粉丝很可能只是缺个推动，一戳就下单。

3.4 变现后劲不足？——用 DeepSeek 建立 IP 资产的复利滚雪球模型

真正的顶级 IP，像滚雪球一样越滚越大，哪怕你停更三个月，收入依然疯涨。秘密就一句话：把你的内容、粉丝、数据变成能自己变现的资产。

你想过吗？为什么你的 IP 越做越累？其实很多个人 IP 的收入模式都像"挑水"：今天不更新就没流量，明天不接广告就没收入。问题出在三个死穴：第一，内容断更就断流；第二，粉丝价值浪费，80% 的粉丝只看不买，潜在的钱没挖出来；第三，永远都在从零开始，每条内容都要重新憋创意，无法积累势能。

而真正的高手早就用 DeepSeek 搭好了"自来水系统"——铺好管道后，水自动流，还能浇出新花园。

第一步：把爆款内容变成"自动印钞机"。

你花 10 小时写的爆款，绝不能只换一条广告费。用 DeepSeek 做三件事，让它变成一棵"摇钱树"。

（1）解剖内容 DNA：你可以输入指令，命令 DeepSeek 分析你最火的 5 条内容，提取爆款公式；

（2）让旧内容自动返场：这样你可以唤醒老粉，也可以继续吸引新粉；

（3）用一篇内容拆出 100 条素材：你可以用 DeepSeek 把一篇长文大卸八块，让它变成 10 条小红书图文、3 个短视频脚本，或者用它攒成 1 套付费课大纲、提炼 100 条朋友圈文案。举个例子，一篇"副业攻略"能变成知乎长文、抖音口播、付费社群打卡模板，甚至和平台合作分佣——内容还是那篇内容，但收入翻了 10 倍。

第二步：让粉丝帮你赚钱。

粉丝不只是观众，还可以是你的"产品经理""销售代理""内容供应商"。你可以众筹需求，让粉丝帮你"找钱"，比如，在朋友圈发起投票："2025 年你最想让我解决什么问题？"然后，用 DeepSeek 分析结果，找到最赚钱的需求。假如投票显示"AI 副业"排第一，立马做个《小白 AI 变现训练营》，定价 699 元，卖爆了粉丝还觉得"这课就是为我量身定制的"。

另外，你还可以用 DeepSeek 给粉丝分层并贴上标签。比如，路人粉就推 9.9 元资料包，"钩"他们下单；买过低价产品的潜力粉就弹窗提示"加购高阶课立减 300 元"；而反复回购的死忠粉，就可以拉进"VIP 群"，内测 5000 元私教课，他们不仅愿意买，还会帮你改课程。

而且，你还可以利用 DeepSeek 设计一套"人拉人"机制，让粉丝为你推广。当粉丝和你成为利益共同体的时候，就会拼命为你"打 call"，你连广告费都省了。

第三步：用 DeepSeek 建一座"数据银行"。

你要意识到，你的播放量、点赞数、转化率，都是能生利息的黄金。它们可以给你带来巨大的帮助。

（1）预测下一波爆款

输入指令："根据我过去的 100 条内容，预测下季度什么会火？"而你，只需要提前布局这些选题，起号速度比别人快 5 倍。

（2）自动优化产品

比如，平台算法改了，你就立刻调整内容发布时间；竞品抄袭你，你就迅速自动生成"升级版内容"反超；粉丝看腻了，你也可以把老爆款改个争议标题返场。

和网红不同，成熟的个人 IP 越老越值钱，这才是终极玩法。当别人还在熬夜想下个月接什么广告时，你的旧内容正通过 AI 裂变新流量，你的粉丝主动帮你拉人赚钱，你的数据自动孵化了下一个爆款。这才是 IP 的终局——不靠爆肝更新，不焦虑流量波动，像百年品牌一样，用时间的复利碾压所有短期玩家。

现在，就用 DeepSeek 给你的 IP 做一次"体检"，它会告诉你哪些内容能自动生钱、哪些粉丝能变成销售、哪些数据藏着财富密码。今天用 AI 种下的种子，未来会长成你想象不到的摇钱树。

小红书博主

必备的 DeepSeek 场景指令库

4.1 爆款标题：20 组验证过的吸睛公式

爆款有以下三个核心逻辑：

- 数字敏感：多用 3/5/7 等奇数，拒绝模糊词；
- 情绪杠杆：焦虑 / 好奇 / 优越感 / 危机感四选一；
- 指令明确：让用户立刻知道"看了能获得什么"。

1. 痛点提问法

公式： 为什么没人告诉你 / 敢说真话？ + 某个痛点的真相？

示例：

- 为什么没人敢说真话？网红睫毛膏的 3 大智商税陷阱
- 为什么没人告诉你？ 90% 的博主不会说的护肤烂脸 CP

2. 数字反差法

公式： 低起点数字→高结果数字 + 只做 X 件事 / 用 X 天

示例：

- 从 120 斤到 90 斤 | 每天 10 分钟搞定易瘦体质（附懒人食谱）
- 月薪 5k 到 5w：我做对了这 1 个职场选择

3. 悬念猎奇法

公式： 禁忌词（偷偷 / 限流 / 举报）+ 反常识结论

示例：

· 被官方限流 3 次才敢发：小红书算法最怕你知道的 4 个漏洞

· 医生不会告诉你的秘密：越贵的维生素片越没用！

4. 场景代入法

公式：时间／动作＋刷到这条＝命运暗示

示例：

· 凌晨 2 点刷到这条的姐妹，你的财运要来了！

· 最近总刷到美白教程？说明你的皮肤在疯狂求救！

5. 挑战常识法

公式：推翻大众认知＋挑衅语气

示例：

· 得罪品牌方也要说：洗脸仪才是烂脸元凶！

· 别骂我！但喝蜂蜜水减肥真的会胖成球（附替代清单）

6. 利益承诺法

公式：不花钱／不费力＋获得 XX 结果

示例：

· 一分钱不花！让 crush 主动表白的 3 个心机话术

· 每天刷牙时做这件事，牙医说我根本不用洗牙！

7. 群体排除法

公式：精准筛选人群＋制造优越感

示例：

· 月薪 3w 以上的女生，刷到这条可以划走了

- 这 5 类人千万别艾特闺蜜看！我怕你们太会省钱……

8. 对比冲突法

公式：AB 测试对比 + 视觉化结果

示例：

- 同一件衣服，土妞 VS 千金感的穿法差在哪？（附对比图）
- 手把手教你用 DeepSeek：同事加班 2 小时，我 5 分钟搞定

9. 情绪共鸣法

公式：扎心现象 + 灵魂拷问

示例：

- 你还在用"平替"骗自己吗？穷女孩不配用大牌？
- 为什么越懂事的女生，越容易被渣男盯上？

10. 权威背书法

公式：身份 / 资源碾压 + 信息差揭秘

示例：

- 在出版社工作 5 年，这些书打死我也不让娃看！
- 给明星化妆 10 年，这些贵妇粉底液根本没必要买！

11. 危机警告法

公式：时间紧迫 + 严重后果 + 解决方案

示例：

- 618 前刷到这条是老天在救你！这些家电再便宜也别买
- 夏天穿凉鞋前必看！脚丑的女生都逃不过这 3 个坑

12. 速成捷径法

公式：极简步骤 / 时间 + 高价值结果

示例：

- 懒人必看！每天 3 句话让孩子主动写作业（亲测 1 周见效）
- 1 个万能眼影公式，搞定约会／通勤／晚宴所有场合！

13. 反套路避坑法

公式：揭露行业黑幕 + 替代方案

示例：

- 婚纱照加精修？影楼小妹教你用醒图一键白嫖
- 别交健身私教智商税！4 个动作在家练出直角肩

14. 资源清单法

公式：超值数量 + 精准需求场景

示例：

- 私藏 10 年的 48 家小众店铺 | 从衣服到家具全搞定
- 留学生吐血整理！50 个免翻墙宝藏网站（论文党必存）

15. 剧情反转法

公式：失败经历 + 逆袭成果

示例：

- 被全网嘲"土肥圆"后，我靠这 3 招逆袭成氛围感女神
- 相亲被拒 8 次才悟透：男生眼里"好看"和"好嫁"的

区别

16. 身份认同法

公式：精准标签 + 专属福利

示例：

- INFJ 人格的女生，刷到这条说明你要开挂了！

- 给所有 H 型身材的姐妹｜显瘦 10 斤的穿搭密码在这

17. 热点嫁接法

公式：热门事件／人物＋垂直领域结合

示例：

- 看完《周处除三害》，我悟透了遴选上岸的底层逻辑
- 跟着董洁学穿搭：普通女生如何用优衣库穿出贵气感

18. 情感绑架法

公式：道德责任＋行动指令

示例：

- 如果你妈还在用"拼夕夕"买菜，赶紧给她看这个防骗指南
- 不转不是中国人！故宫藏了 600 年的配色秘籍我扒出来了

19. 测试互动法

公式：选择题／测试题＋结果悬念

示例：

- 第一眼看到什么？测你 2025 年会有什么好运降临！
- 这 4 种唇形女生，桃花运差距大到离谱！你是哪种？

20. 痛点解决法

公式：具体场景＋解决方案＋结果承诺

示例：

- 领导微信发"在吗"？高情商打工人绝不秒回！
- 手残党必学！3 步搞定 ins 博主同款野生眉（附工具清单）

4.2 争议话题安全表达指南

1. 平台底线，触之即封

（1）小红书「社区公约」三大核心原则

- 真实人设：虚拟身份需有明确个人特征
- 正向价值观：禁止宣扬极端 / 反社会思潮
- 生态共生：不得损害第三方合法权益

（2）AI 审核系统运作机制

- 双重关键词库（基础词库 + 动态热词库）
- 图文匹配算法（封面图 / 正文 / 商品链接关联检测）
- 用户举报实时反馈机制（1 小时内响应率 98%）

2. 安全表达六大黄金法则

（1）「3W 原则」

- Why：阐述观点时先说明背景原因
- What：用数据 / 案例代替主观判断
- How：提供可操作的建议方案

（2）「情绪缓冲法」

高风险表述："这根本就是诈骗！"

合规表达："近期遇到疑似消费陷阱的案例分享 + 防骗指南"

（3）「话题迁移术」

当遭遇恶意评论时：

"关于这个问题的专业解读，建议关注 @XX 官方账号的最新声明"

（4）「视觉化改造」

敏感内容处理：

文字描述 → 信息图表 → 对比实验视频 → 解决方案动图

（5）「平台特型化创作」

- 封面设计：争议性标题 + 中性视觉符号（如天平图标）
- 正文结构：现象陈述→专业解读→解决方案→互动提问
- 商品链接：配套提供"理性决策工具包"（含比价表 / 测评清单）

（6）「风险预警系统」

建立内容安全自查清单：

- 是否涉及未解决的法律纠纷；
- 是否引用未经证实的统计数据；
- 是否含有暗示性引导用语；
- 商业合作是否完成合规备案。

4.3　小红书全年热点清单

热点运营技巧：

1. 提前布局：重大节日（如春节 / 双 11）提前 15 天发攻略；

2. 差异化切入：别人发礼物清单时，你发《送礼黑名单：这些千万别买！》

3. 蹭热点公式：热点事件 + 垂直领域 + 解决方案

【1月热点清单】

1. 元旦跨年（1.1）

内容方向：年度计划模板、跨年仪式感好物、复盘总结图文

2. 腊八节（农历腊月初八）

内容方向：营养粥食谱、低成本腊八仪式感

3. 春节预热（1月中下旬）

内容方向：年货清单、红包封面设计、年夜饭拍摄技巧

4. 冬季护肤（季节性热点）

内容方向：干皮急救指南、暖气房保湿神器

【2月热点清单】

5. 春节（农历正月初一）

内容方向：拜年妆教程、全家福拍照姿势、红包理财攻略

6. 情人节（2.14）

内容方向：送男友礼物避雷、情侣拍照构图、单身治愈指南

7. 开工日（正月初七后）

内容方向：职场提气穿搭、打工人生存好物

【3月热点清单】

8. 妇女节（3.8）

内容方向：女性成长书单、职场反PUA话术

9. 樱花季（3月中下旬）

内容方向：樱花限定彩妆、公园拍照出片攻略

10. 春分（3.20-3.21）

内容方向： 春日食谱、换季衣橱整理术

11. 世界睡眠日（3.21）

内容方向： 助眠好物测评、失眠自救指南

【4月热点清单】

12. 清明节（4.4-4.6）

内容方向： 青团创意吃法、春日踏青野餐攻略

13. 世界地球日（4.22）

内容方向： 可持续时尚、零浪费生活技巧

14. 谷雨节气（4.19-4.21）

内容方向： 祛湿茶饮配方、雨季穿搭防潮指南

【5月热点清单】

15. 劳动节（5.1）

内容方向： 打工人续命神器、居家清洁黑科技

16. 母亲节（5月第2个周日）

内容方向： 妈妈抗老礼物、母女写真姿势

17. 520（5.20）

内容方向： 低成本仪式感、情侣转账文案

18. 夏季防晒（季节性热点）

内容方向： 防晒衣测评、晒后修护急救包

【6月热点清单】

19. 儿童节（6.1）

内容方向： 成人怀旧玩具、亲子互动游戏

20. 高考／毕业季（6月）

内容方向： 考场心机素颜妆、毕业旅行穷游攻略

21. 618大促（6月中下旬）

内容方向： 凑单满减公式、直播间避坑指南

22. 夏至（6.21~6.22）

内容方向： 低卡凉面食谱、小个子显高穿搭

【7月热点清单】

23. 暑假（7~8月）

内容方向： 学生党兼职攻略、宅家自律计划

24. 七夕预热（农历七月，公历约8月）

内容方向： 手工礼物DIY、心动约会选址

25. 三伏天（7月中下旬）

内容方向： 排湿减肥食谱、空调房保湿技巧

26. 影视剧热点（如暑期档热播剧）

内容方向： 明星同款穿搭、剧情仿妆教程

【8月热点清单】

27. 七夕节（农历七月初七）

内容方向： 直男礼物改造、单身提升计划

28. 开学季（8月下旬）

内容方向： 宿舍神器清单、开学自我介绍模板

29. 中元节（农历七月十五）

内容方向： 恐怖片单推荐、民俗避忌仪式

30. 秋装上新（季节性热点）

内容方向： 早秋穿搭公式、换季断舍离攻略

31. 中秋节（农历八月十五）

内容方向： 月饼礼盒测评、月亮拍摄参数

32. 教师节（9.10）

内容方向： 不贵有心意礼物、师生关系避雷

33. 秋分（9.22~9.24）

内容方向： 润燥糖水配方、抗初老精华测评

34. 国庆预热（9 月下旬）

内容方向： 小众旅行地、行李箱收纳神器

35. 国庆节（10.1~10.7）

内容方向： 拍照避开人群攻略、宅家治愈清单

36. 重阳节（农历九月初九）

内容方向： 长辈智能手机教程、健康泡脚包

37. 双 11 预售（10 月下旬）

内容方向： ×××（带货主播）清单解析、预售定金攻略

38. 双 11（11.11）

内容方向： 退货避坑指南、凑单数学题答案

39. 立冬（11.7－11.8）

内容方向： 冬季四件套测评、暖气房穿搭

【12 月热点清单】

40. 冬至（12.21~12.23）

内容方向：南北方饺子 Battle、抗寒神器测评

41. 跨年倒计时（12.31）

内容方向：跨年文案、城市烟花观赏指南

42. 年终总结（12 月下旬）

内容方向：个人 IP 复盘模板、爆款笔记拆解

关注公众号"深度粉销"，获得更多个人 IP
打造实战资料。

送上的一瓶温水，再到每一句对客户说的话、每一个服务的动作，都构成了 Himama 亲子庄园给客户的极致体验。当小朋友不小心摔倒时，距离他最近的工作人员还会第一时间用碘伏、棉签进行清创，帮小朋友贴上卡通造型的创可贴，并像变魔术一样变出一个玩具来安抚他。每一位来到 Himama 亲子庄园的妈妈都对这里的服务大为赞叹，并成为这里的粉丝，主动在妈妈群里分享推荐。

在我看来，身为妈妈的荣荣因为懂得妈妈们最迫切的需求，才能以真挚、真诚的情感集中满足目标妈妈们的需求，与她们成为生活中的朋友；再以亲力亲为、开辟事业的方式激发她们的参与感，与她们成为共同成长的事业伙伴。

【 HOW 】

如何通过参与感与伙伴牢牢绑定

　　小米在用户参与感打造上始终是品牌和企业中的翘楚。小米联合创始人黎万强曾提出打造参与感的"三三法则"，这是值得每个人反复学习、实践的方法论。

　　第一，设置参与节点。对于品牌而言，这意味着品牌在产品研发、营销、服务等各个环节，需要尽可能地开放，让用户参与并感受到他们是为产品做贡献的一部分。而对于我们个人来说，这意味着我们要从内而外地保持开放的态度，学会接纳，主动融入。

　　第二，设计互动方式。小米一直精心设计与用户的互动方式，确保与用户的每一次接触都能增加用户的参与感和满意度。这包括线上线下的活动、产品体验反馈机制等，以促进更深层次的用户参与。

从个人的角度而言，设计互动方式意味着让自己成为一个有趣的人，让他人愿意与你交流沟通，在感受到你的人格魅力的同时，能够在与你的互动中有所收获。

第三，扩散口碑事件。品牌往往会通过策划和利用具有话题性、能引发用户自发传播的事件或活动，加速正面口碑的扩散。那个人呢？你的一言一行都将成为打动伙伴，让他们发自内心地成为你的正面口碑传播者的基础。你要做的，就是至真至诚、问心无愧地对待每一件事、每一个人。

共创是一个经济类术语，指的是多人共同创造内容。在今天的语境下，共创不只包括内容，还包括实体的产品和虚拟的概念、倡议、文化等。这些都可以通过协同的方式来实现从无到有的转变。共创的价值在于参与，而不是字面上的彼此共同工作。在共创的过程中，我们会在互动中更聚焦于人。共创思维的核心是打破圈层间的信息壁垒、思维壁垒和情绪壁垒，最终形成一种共同创新、共同对话、情感共通的氛围，甚至可以形成一种企业文化，并最终影响企业的发展，打造企业的人本底色。

鸿星尔克：
用户会为自己心仪的品牌投票

在多年前的一段时间里，一提到国产品牌，许多人会在潜意识里给它们贴上"粗制滥造""抄袭""老土"的标签，会将国外大品牌作为自己的首要选择。但是，随着"Z世代"崛起、文化自信提升，国产品牌开始不断走俏。迈入3.0时代的国产品牌，正以势不可挡的姿态引领当下的消费潮流。

2021年7月20日，河南郑州突发的特大暴雨牵动着全国人民的心，许多集体、个人纷纷捐款捐物。暴雨48小时后，一个很少出现在大众视野的品牌鸿星尔克登上了热搜。这并不是因为它捐款 5000 万元，而是因为其发布的微博下一条"令人心酸"的评论："感觉你都要倒闭了，还捐这么多。"有网友还发布了一张鸿星尔克2020 年净亏损 2.2 亿元的图片。自己"食不果腹"还拿出 5000 万元捐款，许多网友担心鸿星尔克捐完款就要倒闭了。

这个有使命、有担当的国产品牌、民族企业瞬间引发了许多网友的关注。接下来，一场温暖的回报行动开始了。网友们开始呼吁将鸿星尔克相关的话题顶上热搜。2021 年 7 月 22 日晚，数百万人涌入鸿星尔克的淘宝直播间，其抖音直播间也涌入了千万网友，大家纷纷"野性消费"，用自己的一己之力帮助它渡过难关，将情绪转化为购买力，用实际行动支持它。在直播间，不少网友不停给主播留言，要求他们少说话，直接上链接，甚至可以把优惠券取消了。

据说，被惊动的鸿星尔克总裁吴荣照凌晨一点骑着共享单车来到公司，在直播间感谢网友的支持，并嘱咐大家一定要理性消费。直播间的主播一再强调让大家保持理性，并为商品赠送了运费险以确保大家无损退货，甚至将不断送礼物的人暂时移出直播间。但网友们的热情并没有因此减少，纷纷评论"让你们老板少管闲事""我们就要野性消费""不买到你们缝纫机冒烟，算我们这届网友失职"……

火爆的不只线上，很多鸿星尔克实体店里模特身上的衣服都被扒了下来，武汉某店一天的销售额较平时暴涨130多倍，还有顾客一口气买了3万元的运动鞋。

当用户用实际的消费行为支持鸿星尔克，掀起"野性消费"的浪潮时，鸿星尔克却在劝他们理性消费。

吴荣照开通个人抖音号，呼吁大家理性消费，而他踏实、谦虚的务实形象，也为鸿星尔克吸引了不少粉丝。他的第一条作品就收获了688万次点赞，粉丝超千万。网友们在吴荣照微博下对设计等建言献策，吴荣照都进行回复并表示感谢，更是被网友赞扬是"BOSS直聘"。

仅3天时间，鸿星尔克在抖音电商的销量已经超过当年上半年的总和。到2021年7月25日下午，鸿星尔克仅在抖音直播间就销售出了61.29万件商品，销售额顺利突破一亿元大关。连续几天的"拯救"热潮之后，鸿星尔克官方旗舰店的多款产品售罄，线下店铺人头攒动，货架大多空空如也。对这样的结果，网友总结："为众人抱薪者，不可使其冻毙于风雪。"

倡导"TO BE No.1"的鸿星尔克，这回真的当了第一。

有人这样形容鸿星尔克的捐款行为："鸿星尔克的行为像极了老一辈，自己忙忙碌碌、勤俭节约一辈子，但只要觉得国家需要就连棺材板都舍得给。"随着越来越多的网友自发地进一步丰满这种评价，鸿星尔克这个卖场中原本不起眼的运动品牌被赋予了人格化形象——朴实、厚道，甚至有些木讷，却有一颗拳拳爱国心。这个形象很容易让人，尤其是如今成为发声主体的年轻人，想到自己的长辈，从而与品牌建立深厚的情感关系。

在刷屏式的讨论中，用户情绪迅速集聚，不断迭代，持续共鸣，最终促成了鸿星尔克的现象级爆火。这实则精准撬动了公益营销的情感杠杆，依托"野性消费"浪潮，完成了一次国民情绪的高效捕获与品牌势能的极速释放。鸿星尔克凭借低调为河南暴雨捐款的善举，触发公众情感共鸣与价值认同，让用户的自发性传播形成病毒式裂变，实现从口碑逆袭到销量飙升的互联网正能量叙事，堪称情怀驱动下品牌复兴的经典案例。

鸿星尔克这次非主动的"借势"营销，是品牌价值取向和用户心理的高度共鸣所产生的，增强了用户的正义感与参与感。品牌只有通过与用户共情才能够获得用户的好感。

鸿星尔克过去在人们心目中，只是一个濒临被市场淘汰的三线品牌，但此次却成功走进了用户心中，并且占领了"低调善良""国货之光"等用户心智价值高地。不过"野性消费"不可持续，要让用户持续保持热情，它还需要补齐在产品、设计方面的短板。

流量场上，没有常胜将军。流量带有偶然性、随机性，因此"走红"很难被人为制造，大众注意力也容易被下一个"热点"转移，热度难以维持。鸿星尔克在2021年7月迎来流量高峰，8月流量便开始回落，其抖音账号每天流失1万多名粉丝，其直播间8月营业额约3970万元，只有7月的1/3。

热度就像"特效药"，见效很快，但吃多了迟早会增强抗药性。流量盛宴终是大梦一场。热度退去后，鸿星尔克该如何发展？

鸿星尔克把答题的笔亲手交给了用户——做用户喜欢的，让用户做自己喜欢的，让用户参与品牌的建设，与用户"共创"品牌。

早在2021年7月，河南博物院官方微博转发鸿星尔克向河南捐款5000万元物资的相关微博时，就有众多网友在其评论区呼吁"联名"。当年 8 月 27 日，在广大网友的"撮合"之下，河南博物院与鸿星尔克正式推出"星河璀璨"系列联名计划。众多网友自发为鸿星尔克设计联名款，并且得到鸿星尔克的官方回应，真正成为产品的"共创官"，品牌与消费者在"对话"的过程中实现价值共创。品牌发布的价值共创活动或消费者自发进行的价值共创都可以增强消费者的黏性，品牌也可以据此推出与消费者需求匹配的产品。

此后，鸿星尔克开始不断尝试与用户共创，真正成为一个"听用户说话"的品牌。

2022 年 3 月，鸿星尔克再次升级价值共创活动，与中国服装设计师协会、中国国际时装组委会达成战略合作，在新浪微博发布"青年共创计划"，通过线上征集的方式，收集创作者的创意、想法等，与创作者共同创造出令用户满意的产品。鸿星尔克青年共创设计大赛设立一系列奖项与奖金，获得奖项的作品会以秀演的形式亮相中国国际时装周，使得消费者的共创成果得到更好的表现，同时吸引更多消费者加入共创活动。青年共创设计大赛的主要目标消费群体为"Z 世代"，他们对中国文化有着浓厚的兴趣，是有一定的审美能力与创新能力的爱国青年。青年共创设计大赛在短短 3 个月内共收到来自 25 个省（区、市）、78 所知名院校的 678 份设计稿件，31 份作品亮相中国国际时装周。

很快，在广大网友的创意碰撞与青年共创计划的不断实施下，鸿星尔克与《王者荣耀》等优秀国产 IP 联名共创，通过《王者荣耀》的 IP 元素来打造符合年轻人审美的产品，还将《王者荣耀》的游戏玩家在跨界营销中转化为鸿星尔克的用户，助力品牌和产品在年轻群体中"出圈"。此后，鸿星尔克还积极寻求与国漫的合作机遇，打造出了众多畅销品。鸿星尔克率先在行业内布局国漫 IP 系列产品线，跨界联动五大国漫——《一人之下》《狐妖小红娘》《雾山五行》《刺客伍六七》《秦时明月》，直接为"国漫粉"上演一场"满汉全席"，并将目光集中在线上的互动玩法设计上，最大化释放社交平台的传播力，以贴近更大范围的二次元人群。

独具风格的产品设计，借势五大国漫的热度，鸿星尔克深度影响了"国漫粉"。一方面，鸿星尔克实现了与国漫的破壁联动，为"国漫粉"和品牌用户带来更为惊喜的体验；另一方面，广泛覆盖 IP "原著粉"、品牌受众等圈层目标人群，实现从二次元到三次元的营销升维。

鸿星尔克借势动漫、游戏等 IP，将触角伸至"Z 世代"喜欢的方方面面，强化了他们对本土民族品牌的认知。更为重要的是，鸿星尔克将用户共创作为产品研发的重要方向，以提升用户的参与感和养成感。

鸿星尔克与用户共创的方式是，站在用户的角度说让用户共情的话。

在不少企业花费大量人力和物力利用新媒体账号提升声量时，鸿星尔克通过一个非官方的个人账号"赢麻了"。

2022 年 9 月 16 日，一名号称"00 后"的鸿星尔克员工在"疯狂下属"的账号上发布了第一条视频，内容为自己"摸鱼"时偷拍同事的手机屏幕，却发现同事也在"摸鱼"，搜索哪个公司幸福指数最高，并表示他对公司的"异心"简直快溢出了屏幕。

在这条偷拍视角的视频点赞量突破 120 万次后，"疯狂下属"延续了这种拍摄风格，开始"不把上司放在眼里"。

他不仅偷拍自己的上司被老板批评，还要嘲笑上司在年会上穿的服装，面对这大红色的亮片西装外套，"疯狂下属"完全不留情面，在文案中写道："救命啊，穿这件衣服是要去相亲吗？哈哈哈哈哈哈！"

"幸灾乐祸"和"冷嘲热讽"之后，"疯狂下属"直接"整蛊"上司，给上司送上了一份石头一般硬的面包当早餐。

要成为打工人的"互联网嘴替"，仅仅做这些可还不够，"疯狂下属"接下来便开始表达对放假的渴望，并发泄对上班的不满。

他在国庆放假时悠闲地喝茶、喂鸡、吃烧烤，配上一首林俊杰的《浪漫血液》，原本的歌词"无论再久，还是牢记，无论再远，还是关心，凡是爱过，就都烙印在记忆"在视频中则变成了"无论菜酒，还是老鸡，无论菜叶，还是瓜心，凡是挨饿，就等姥爷宰鸡翼"，趣味十足。"疯狂下属"俨然掌握了短视频的"玩梗"秘诀，哪怕不上班也能当 vlog 博主。

当然，他仍然没有忘记自己的"使命"，在快乐的假期也不忘表达对上班的绝望："还没上班就已经开始 emo（郁闷）了。"

假期结束之后，"疯狂下属"又戳中打工人的痛点，写道："永远在快下班的时候开会，本来上班就很烦了。"

他这么大胆还没被开除，靠的是什么？当然是对自己能力的自信。

评论区中，"鸿星尔克（ERKE）"回复："最好别让我知道你是哪个部门的。"这条评论的点赞量很快超过95万次。"疯狂下属"也不甘示弱："笑死，好像我会怕一样。""鸿星尔克国潮官方旗舰店"使出美人计："我们直播间的小姐姐说想认识一下你。""鸿星尔克法务中心"扬言道："有点意思。"

就这样，"疯狂下属"成了拥有百万名粉丝的重量级博主，"疯狂下属"是谁已经不重要了，他可以是鸿星尔克内部的任何一个人，只要观众爱看，这个账号用好打工人"嘴替"的身份，能为品牌赢得网友的好感就可以了。

最后，在不确定的时代，鸿星尔克董事长提出了"为国民运动而生"的品牌理念，真正将品牌与产品交予用户。

互联网时代，流量来去匆匆，得与失往往只在一念之间。当流量减少，摆在国产品牌面前的问题是如何将消费者留下。不少品牌逐渐意识到"收割"流量解决不了企业长期发展的问题，要真正助力国产品牌崛起，就要使品牌和产品触达消费者的心智。

对于这一根本问题，有人靠情怀留住消费者，有人则凭借朴实风格"出圈"，而鸿星尔克走出了一条截然不同的品牌发展道路——"与用户共创"。在当下时代，消费者与品牌之间越来越像鱼与水的关系，通过共创，消费者不再仅仅是品牌的接受者，而是成为品牌的共同创造者和传播者。

就像吴荣照表示的，"将'共创'进行到底，与消费者共创品牌，让鸿星尔克成为'属于国人的鸿星尔克'，才是作为国产品牌的价值所在"。

当网友说鸿星尔克的产品不够丰富、设计不够出彩时，鸿星尔克便开展青年共创计划、青年共创设计大赛，不仅签约网友票选出的青年设计师，还邀请来自全国不同地区的多所高等院校学子诠释"鸿耀中国"的文化内核；当网友说在大城市找不到鸿星尔克的门店时，鸿星尔克立马优化渠道，推出一站式服务的星创概念店，进军一线、二线城市核心商圈，通过从品牌到产品再到渠道的升级，成功接住了流量。

甚至在鸿星尔克的产品设计和开发方面，也有不少消费者、专业跑者的身影，其首款碳板竞速产品——芷境 1.0 正是品牌与百位精英跑者共创的。

在此基础上，鸿星尔克推出了"共创中国跑者"战略，如中国跑马英雄训练营、中国跑团大联盟，更提供针对中国跑者的数据服务，一切围绕中国跑者展开，以更好地聚拢核心消费者。

有人说，鸿星尔克如今是玩转营销的高手，但我始终认为，无论营销多么出色，品牌保持初心和做好产品才是根本，营销只是助力它变得更好的手段。

用户会为自己心仪的品牌投票。而鸿星尔克，值得"TO BE No.1"（成为第一）。

写在后面
给读者们的一封信

亲爱的朋友，很高兴和你相遇。

在这个瞬息万变的时代中，在人人都想拨开迷雾看未来，人人又因看不透、心生焦虑的此时此刻，你的害怕，我懂。

你勤奋努力，聪明好学，过着很"卷"的生活，却因为判断错了方向和趋势，做了无用功。而时代的残忍在于，它发展的速度快到几乎不给你试错的机会，它的脚步不会因你的搏命而停歇。

有人能窥探时代的天机吗？

早在 1994 年，科技杂志《连线》的创始主编、被称为"互联网教父""硅谷精神之父"的凯文·凯利就在《失控》中预言了很多今天大热的技术：云计算、物联网、网络社区、虚拟现实、共享经济、虚拟货币等。

这一年,我还是一个普通的初中生。每天写完作业后,和家人一起看中央电视台的节目是我为数不多的休闲时光, 短短 15 秒的"恒源祥,羊羊羊"广告是我们那一代人共同的"洗脑"记忆。那时, 我还不懂营销, 不知道这条广告耗资 10 万元, 相当于恒源祥上一年的全部利润, 更不知道这条广告播出后的第二年, 恒源祥的销售额就达到了 300 万元。但我知道, 许多年后, 当我成为一个营销人时, 这条广告依然会被人屡次提起, 而我会成为类似广告的使用者。就像凯文·凯利说的那样, 有些事情在当下变得流行并不是什么预言, 改变一直在发生。

1999 年, 互联网对全球经济、政治、社会以及普通人的影响逐渐显现, 网络经济即将成为 21 世纪新的经济增长点。当年 11 月 15 日, 中美两国政府代表在北京签署了关于中国加入世界贸易组织的双边协议, 中国为"入世"迈出了重要的一步。更为开放的中国市场、更多的机遇与挑战、迭代更快的游戏规则展现在敢拼敢闯的国人眼前，全新的图景正在展开。

　　这一年，我进入大学，和许多大学生一样通过兼职挣生活费。我的第一份兼职是为某直销品牌做校园推广，它带给我的收益比我想象中更多。性格内向的我在街头一次次递出传单，邀请路人参加活动沙龙，在宿舍楼里一次次敲开陌生同学的宿舍门，迎上他们探究的目光，这让我慢慢克服了畏惧退缩的心理，从一个被动的 I 人变成了敢于主动出击的 E 人。现在的我站在演讲台上，面对着权威领导、专业人士分享自己的观点见解时，偶尔也会想起当年那个青涩紧张的女孩。那是我第一次接触到销售的工作，也是我第一次明白主动才会有故事发生，真诚才会让故事继续。在机遇面前，敢为人先、诚恳踏实在任何时期都适用。

　　2009 年 9 月 4 日，李开复以一条"再见，谷歌"的微博宣告自己谷歌 4 年从业经历的结束，并在 3 天后高调宣布创办创新工场。这一年，新浪微博以强势表现成为国内互联网行业中的热门话题，吸引无数人"安营扎寨"。2010 年，中国正式进入"微博元年"，三言两语的即时感受、第一时间的现场记录开启了"微博时代"，内容生产和传播的成本迅速降低，社交媒体在中国正式兴起。社会化媒体改变了信息传播、大众交流的方式，这是一个"人人都能发声，人人都可能被关注"的时代。任何人只要拥有简单的技术设备和技术知识，都可以成为传播的主体，甚至成为"公民记者"。"人人都是通讯社，个个都有麦克风"的时代已然到来。任何行业都迎来了"值得重做一次"的机遇。

这一年，我踩着时代的浪潮，真正成为一名以社会化营销为主业的创业者。自创业以来，我服务过许多知名企业，也陪伴许多品牌实现了从 0 到 1 的发展；创下了中国第一个千万级预售众筹纪录，被客户誉为"众筹女王"；我在实践中原创了"深度粉销"理论体系，并不断验证与迭代，不断分享与收获。

2023 年，我又读到了凯文·凯利全新的科技预言著作——《5000 天后的世界》。5000 天，是一个什么概念？13 年多，差不多是从互联网普及到社交媒体时代开启所经历的时间。

今天，面对时代性、社会性的普遍焦虑，我想和大家分享在凯文·凯利个人网站的顶部写着的一句话："长期来看，未来是由乐观主义者塑造的。"

作为一个长期主义者和乐观主义者，我相信，明天不会像我们想象得那样完美，但会变得比今天稍微好一点儿。因为"坏事可能飞速发生，但几乎所有好事都是慢慢展开的"。我看得到人类历史进程中的"时间复利"——过去200年，我们始终在坚持实现微小但持续的进步。当我们行驶在人生的道路上，如果乐观是油门，悲观就是在弯道行驶和停车时需要用到的刹车。这两者都不可或缺，但是想要前进，我们必须多踩油门而不是刹车。

我的意思是，学会积极地面对失败。失败了，跌倒了，再从原地爬起来就好。有长远的眼光才能乐观，同时乐观也给了我们长远的眼光。

可当下的问题是，在人工智能日益普及的今天，时代赋予了我们前所未有的机遇与挑战。人工智能技术的迅猛发展，如ChatGPT、DeepSeek等工具的出现，预示着我们将步入一个科技与人类智慧深度交融的新纪元。正如凯文·凯利在《5000天后的世界》中所说的那样，AI的浪潮正悄无声息地改变着我们的生活，它不仅可能掀起下一轮科技革命，还可能重新定义我们的生活方式。

我们身处其中，我们被时代裹挟而行，你必须直面内心的恐惧：ChatGPT、Gemini以及DeepSeek等工具的出现会让人工智能掀起下一次科技革命，带领我们走进新时代吗？更现实一点，我们会被人工智能淘汰吗？

我曾和先生针对孩子未来的教育问题深入探讨过——我想这也是为人父母的你的担忧。

在孩子的教育问题上，我们从过去的焦虑到今天的淡定，也经历了一系列成长和抉择。因为我意识到，家长的过度紧张和不安会影响到孩子，让他们也陷入负面情绪之中。而且，让孩子"卷"成绩、考高分、上好学校并非仅是家长能为孩子做的。

尤其在今天，随着人工智能技术和工具的发展，死记硬背的内容将不再是衡量一个人的核心竞争力的标准；考过即忘的应试知识对孩子未来成长的意义真的没有你想象得那么大。

事实上，未来是怎么样的，我们并不能准确地描绘出来。但无论是《行尸走肉》中描绘的未来，《流浪地球》中描绘的未来，还是《超体》《黑客帝国》中描绘的未来，有一点我很确定——"健康的身体 + 乐观的心态 + 独立生活的能力"适用于任何一种未来，也适用于每一个人。

在此基础上，那些让我们的孩子在与人工智能共处的未来依旧有独特竞争力的能力，那些内化为孩子自有算法和能量源泉、塑造他们思维方式的底层逻辑，才是我们能够通过言传身教给予孩子的最重要的财富。

可在教孩子之前，我常常反问自己：关于未来，我准备好了吗？

我拥有了解决问题的逻辑力吗？

发现问题，解决问题——这听上去很简单。但事实上，即使到了中年，依然有很多人在遇到问题后手足无措。为什么？

因为他们缺乏解决问题的逻辑力，所以在发现问题的那一刻，他们就失去了方向。从发现问题到解决问题，首先要知道问题是什么，然后结合现状进行分析类比，明确目标、差距与代价，有的放矢地进行方案制定，并按计划行动，最终解决问题。

说白了，你得有一套自己的解决问题的路径和方法论。

这个方法论就是举一反三的思考方式，是未来我们破解问题的钥匙。它将内化成孩子独立应对各种局面的底层逻辑。

我拥有了面对困难的逆商吗？

说来奇怪，我发现越来越多的家长抱怨孩子的承受能力差、受不了一点打击，其实，这就是因为他们缺乏对孩子逆商的培养。孩子无法正视挫折和困难，容易在逆境中丧失良好的心态。

而且很多成年人的逆商也有所欠缺。逆商是真正经历过挫折与低谷后才能领悟到的能力，它无法简单地通过言语传授。

疫情后，我的孩子因为新冠后遗症一度住院，除了忍受身体上的不舒服，他还要每天在医院采血、扎针、做各种检查，并面临补课、补作业、缺席社团训练、失去比赛和演出机会等一系列的问题。最初，我们全家都觉得"遇到事儿"了，他也会小声抱怨说："妈妈，为什么我这么倒霉啊，为什么这事儿就让我碰上了？"

我和先生率先从"遇到事儿"这种思维误区中跳脱出来，认为早暴露问题要比隐藏问题好得多，发现问题才能解决问题。我们以平和的心态给他分享我们的想法，鼓励他、安抚他，很快他就能觉察生病住院这件事中积极的一面，比如他在住院期间自学了魔方，玩了很多游戏，交到了新朋友，还感受到了父母、同学和老师对他的关心和想念。此后，他也开始重视身体健康，对垃圾食品和糖的摄入开始有一定控制力，变得热爱爬山，并带动

155

我一起加入爬山队伍。

失去一些东西时，你也会得到另一些东西。困难的存在是为了帮助我们更好地成长，一切都是最好的安排。**所有的进步都来自失败，创新也是如此。创新的本质是从低效和失败中汲取经验。**

在逆商的培养中，家长和孩子始终是共同成长的。作为一个家庭共同体，面对困难时，父母的焦虑会影响孩子。家长不焦虑，孩子才能轻松应对逆境，积极看待问题。

要知道，即使是堪称伟大的人，如果你去观察他们的人生轨迹，也会发现他们的成长并非一帆风顺，而是布满了崎岖坎坷、数次失败以及无法预测的不幸，但这一切都不会让他们止步不前。

我拥有了整合资源的创新力吗？

同样是萝卜、土豆、青菜、牛肉，有人做出了一大桌美味料理，有人做出了几样家常小菜，也有人眼看着食材烂了却还在饿肚子，还有人就此研发了预制菜。

资源随处可见，但是否拥有整合资源的创新力却让人们的命运大相径庭。有人做加法，有人做减法，也有人做乘法，人们都通过排列组合实现了一定程度的发展与创新。因此，我们才经历了"互联网＋""物联网＋""直播＋"的时代。

今天的孩子，尤其是成长于一线、二线城市的孩子，早已脱离了长辈们曾面临的资源匮乏的困境。面对过度丰裕的资源，如何利用、如何重新搭配它们来实现自己的目标，是他们必须面对的课题。

而我们需要做的，就是培养孩子的想象力。

乐高没有固定的拼法，阅读没有过多的限制，美丑没有统一的标准，孩子也没有非此不可的成长框架。人工智能可能会带来新一轮科技革命，但从长远来看，它与火、电以及书写对人类产生的影响可能不相上下，它们都具有变革的力量。

有个有趣的科学观点认为，人类和猴子的本质区别在于对工具的利用率不同。当我们开始担忧人工智能会不会取代我们、抢走我们的饭碗时，或许我们可以寄希望于利用人工智能，突破现有的思维局限，开创出今天想都不敢想的明天。

达成目标后的结果很重要，但通过实践总结出自己的方法论更重要。在复盘、梳理、整合、创新之后，我们才真正拥有了把事情做得更好的能力。

未来一切都会再次刷新，你必须永远保持学习的状态。

我拥有了真诚自然、积极主动的沟通力吗？

不论是现在大家常说的"社牛"还是 MBTI 性格类型测试中对 I 人和 E 人的探讨，良好的社交能力和沟通力在当下乃至未来都是极为重要的。良好的沟通力是冷静理智的体现，能让你迅速结交朋友、建立关系、整合资源，也能帮你在遇到困难时精准地阐述问题、寻求帮助。

我们会有意识地培养孩子演讲的能力，但这只是培养沟通力的一部分。真正有效的沟通需要的远不止会演讲这么简单，还需要会思考、组织、梳理。

而在沟通中，主动和真诚永远是必杀技。

人们往往不会拒绝主动抛出的橄榄枝，不会抵触一个真诚的人。即便有，具备沟通力的人也不会因为害怕被拒绝而封闭自己。

沟通力受一定的先天因素的影响，但更多受后天刻意练习的影响。受性格和传统家庭教育的限制，我也曾在学校演讲台上一句话都说不出来，但经过自己的刻意训练，以及我在大学时做的销售兼职的历练，如今我在3000人的会场也能不紧张地分享，甚至有很多人不相信我也曾有过在公开场合发言犯怵的时候。

记住,积极主动、真诚沟通的终极目标不是赢得争论,而是增进理解,共同成长。在真诚沟通中,我们能产生共鸣,遇见更好的自己。

人工智能的发展是不可逆转的趋势,其影响力将逐渐显现,足以与工业革命相媲美,但这是一个长期过程。面对未来人工智能的多样化,我们应该保持开放心态,理解人工智能的潜力及局限,学会与人工智能协作,而非恐惧或逃避它。

人生无处不营销。无论是逻辑力、逆商,还是创新力、沟通力,都是我深耕营销行业多年后总结出的能力。它们是能让孩子受用终生的能力,也是在任何时代和环境中都极富价值的能力。而培养这些能力,对于我们每个人而言,也将是一生的修行。

在人生的广阔舞台上,每一次呼吸、每一次选择、每一次交流,无不是一场精心或不经意的营销。这并非将生活贬低为纯粹的交易,而是深刻理解到,个人成长的每一步都是自我价值的最佳展现与传播。我们推销的不仅是产品或服务,更是自己的理念、梦想,以及独一无二的个性。

每个人都是自己品牌的 CEO，我们的言行举止、知识技能、情感智慧，都是品牌内涵的组成部分。正如企业通过市场定位、差异化策略赢得竞争，个人也需要明确自我定位，发掘并放大自身的优势，以差异化的光芒，在众多星辰中独放异彩。

在这个过程中，**诚信与真诚是永恒不变的核心竞争力**。最成功的营销不是说服，而是引起共鸣，个人成长亦是如此。通过真诚地分享自己的故事、经验和感悟，我们能够与他人建立深层次的连接，吸引那些价值观相近的伙伴，与他们共同成长，相互成就。

亲爱的朋友，未来正在到来。

我想告诉你，别怕，我们一起走。

丁丁

2025 年 1 月 3 日于北京